ZHONGHUA YOUXIU CHUANTONG WENHUA
HE ZHONGXUE BANJI GUANLI

中华优秀传统文化和中学班级管理

王冬梅 ◎著

中华优秀传统文化与中学班级管理
中华优秀传统文化与班级学习管理
中华优秀传统文化与班级文化管理
中华优秀传统文化与班级教育

中国出版集团

中译出版社

图书在版编目（CIP）数据

中华优秀传统文化和中学班级管理／王冬梅著. --
北京：中译出版社，2024.2
　　ISBN 978-7-5001-7762-3

　　Ⅰ.①中… Ⅱ.①王… Ⅲ.①中学–班级–学校管理
Ⅳ.①G632. 421

　　中国国家版本馆 CIP 数据核字（2024）第 047675 号

中华优秀传统文化和中学班级管理

ZHONGHUA YOUXIU CHUANTONG WENHUA HE ZHONGXUE BANJI GUANLI

著　　者：王冬梅
策划编辑：于　宇
责任编辑：于　宇
文字编辑：田玉肖
营销编辑：马　萱　钟筏童
出版发行：中译出版社
地　　址：北京市西城区新街口外大街 28 号 102 号楼 4 层
电　　话：（010）68002494（编辑部）
邮　　编：100088
电子邮箱：book@ctph. com. cn
网　　址：http://www. ctph. com. cn

印　　刷：北京四海锦诚印刷技术有限公司
经　　销：新华书店
规　　格：787 mm×1092 mm　1/16
印　　张：11. 75
字　　数：234 千字
版　　次：2024 年 2 月第 1 版
印　　次：2024 年 2 月第 1 次印刷

ISBN　978-7-5001-7762-3　　　定价：　68. 00 元

前　言

　　中华优秀传统文化是中华民族弥足珍贵的精神财富，是中华民族凝聚力和创造力的源泉。当今世界各国之间竞争激烈，一个国家在国际舞台上的位置取决于综合国力。传统的军事实力、经济实力的强弱已经不能完全反映一个国家的综合国力，科学技术和文化在综合国力中的地位越来越重要。优秀传统文化的思想遗产至今仍然有突出的价值，积极继承和弘扬优秀传统文化有利于培育和践行社会主义核心价值观，有利于推进国家治理体系和治理能力现代化，有利于提升国家文化软实力，有利于塑造和树立良好的国际形象。优秀传统文化对树立中华民族的民族自豪感、责任感以及民族自尊心、自信心有突出的意义。

　　博大精深的中国传统文化，在中学德育教育中发挥了重要作用。它不仅可以培养学生良好的道德品质，取得教育学生如何做人的效果，而且能够营造和谐融洽的班级氛围。班主任通过对传统文化的学习和传承，将之应用于班级管理工作中，能帮助解决工作的棘手问题，有利于促进中学生道德素质和文化素养的全面提升，有效改善中学生的个人气质，继而让学生"腹有诗书气自华"。

　　本书首先对中华优秀传统文化进行简要概述，介绍文化与中华优秀传统文化的传承意义，然后对中华优秀传统文化的相关问题进行梳理和分析，包括中华优秀传统文化中的民族精神与道德观念、中华优秀传统文化融入中学德育。本书重点在中华优秀传统文化与中学班级管理、中华优秀传统文化与班级学习管理、中华优秀传统文化与班级文化管理、中华优秀传统文化与班级教育方面进行深入探讨。本书既可以作为从事班级管理等相关人员的参考资料，也可以作为中华优秀传统文化等相关专业的教学参考用书。

目 录

第一章

中华优秀传统文化概述

第一节 文化与中国文化

一、文化的内涵

谈及文化的内涵，有广义和狭义之分。

广义的文化是人类在社会历史发展过程中所创造的物质财富和精神财富的总和。它包括物质文化、制度文化和心理文化三方面。

物质文化是指人类创造的物质文明，包括交通工具、服饰、日常用品等，是一种可见的显性文化；制度文化和心理文化分别指生活制度、家庭制度、社会制度以及思维方式、审美情趣，属于不可见的隐性文化，包括文学、哲学、政治等方面的内容。

人类所创造的精神财富，包括风俗习惯、道德情操、学术思想、文学艺术、科学技术、各种制度等。

狭义的文化就是在历史进程中一定的物质生产方式的基础上发生和发展的社会精神生活形式的总和，指社会的意识形态以及与之相适应的制度和组织机构。

二、文化的特征

（一）多样性

不同的自然、历史和社会条件，形成了不同的文化种类和文化模式，使得世界文化整体上呈现出多样性的特征。各民族文化各具特色，相互之间不可替代，它们都是全人类的共同财富。任何一个民族，即使是人数很少，其文化成果如果遭到破坏都会是整个人类文化的损失。

（二）民族性

文化总是根植于民族之中，与民族的发展相伴相生。一个民族有一个民族的文化，不同民族有不同的民族文化。民族文化是民族的表现形式之一，是各民族在长期历史发展过程中自然创造和发展起来的，具有本民族特色的文化。

民族文化就其内涵而言是极其丰富的，就其形式而言是多姿多彩的。常常是民族的社会生产力水平愈高，历史愈长，其文化内涵就愈丰富，文化精神就愈强烈，因而其民族性也就愈突出、愈鲜明。

（三）发展性

文化就其本质而言是不断发展变化的。人类文化是由低级向高级、由简单到复杂不断进化的。从早期的茹毛饮血，到今天的时尚生活；从早期的刀耕火种，到今天的自动化、信息化，这些都是文化发展的结果。没有文化的发展，人类不可能发展出现代社会和现代文明。文化变迁是现存的社会秩序，包括组织、信仰、知识以及工具和消费者的目的或多或少地发生改变的过程。总的来说，文化稳定是相对的，变化发展是绝对的。

（四）时代性

在人类发展的历史进程中，每一个时代都有自己典型的文化类型。例如，以生产力和科技水平为标志的石器时代的文化、青铜器时代的文化、铁器时代的文化、蒸汽机时代的文化、电力时代的文化和信息时代的文化。又如，作为文化的有机组成部分，赋、诗、词、曲、小说分别成为我国汉、唐、宋、元、明和清各朝最具代表性的文学样式。时代的更迭必然带来文化类型的变异，新的类型取代旧的类型。但这并不否定文化的继承性，也并不意味着作为完整体系的文化发展的断裂；相反，人类演进的每一个新时代，都必须继承前人优秀的文化成果，将其纳入自己的社会体系，同时又创造出新的文化类型来作为这个时代的标志性特征。

三、中国文化

文化本身是一个动态的概念，是一个历史的发展过程。文化是一种历史现象，也是一种社会现象。从这一角度而言，文化是指一定的国家或民族所拥有的语言文字、性格特征、社会心理、传统道德、生活方式、哲学思维模式以及社会生产力水平等诸种精神与物质要素综合作用的结果及其表现形式。

文化是社会的遗传基因，反映社会的本质。一个国家或民族的文化特征，体现其精神面貌、潜在经济实力和科技水平。在社会发展过程中，文化是先导，经济是基础，科技是关键。文化的发展和人类的生存绵延是密切相关的，文化不仅表现一个民族的外在风貌，而且是她的内在"灵魂"。

在历史性意义上，中国文化既包括传统文化，也包括中国文化传统发生剧烈演变的近代文化与现代文化。纵观人类历史长河，中华民族最大的魅力，就在于她生生不息的生命力以及血脉千年不断的民族文化。

中国文化又称中华文化，指的是中华民族数千年发展过程中创造的、不断发展的、打上自身烙印的文化。其间，制度文化和思想文化是中国文化的核心，反映着中国文化最为本质的特征，是中国文化的气象所在、精神所在。

我们所讲的文化是民族意义上的文化。因此，所谓中国文化实际上就是中华民族的文化。而中国文化所讲的中国，既是地理概念，也是文化概念。地理概念是指中国的版图，文化概念是指整个中华儿女的精神家园。

"中国文化"是内涵丰富、外延广阔的概念。就性质而言，它是中华民族赖以长期发展、不断进步的精神支撑和智力支持；就结构而言，它是包括物质文化、制度文化和思想文化等层面在内的完整系统；就内容而言，它是以汉民族文化为主体并包括各个少数民族（汉族、藏族、蒙古族、维吾尔族、回族、苗族、壮族、哈萨克族……）文化在内的多元一体（中华民族）的文化；就思想学术发展的历程而言，它是包括两汉经学、晋玄学、隋唐佛学、宋明理学、清代朴学和新学等不同发展阶段的文化实体；就学术流派而言，它是包括儒家、道家、墨家、法家、佛家、阴阳家、兵家、名家、杂家等在内的诸子百家分途发展而又相互碰撞交流吸收的结果；就载体而言，它包括经史子集之类的典籍和中华民族的风俗习惯生活方式等；就时代性而言，它是与时俱进、不断发展、彰显时代精神的产物；就民族性而言，它是前后相继、不断发展、体现民族智慧的重要载体；就价值取向而言，它是以中华民族精神为核心，以爱国主义为导向，蕴含团结统一、贵和尚中、守成创新、以人为本等一整套价值理念的整合；就历史发展阶段而言，是指从古到今的中华民族的文化创造。

第二节　中华优秀传统文化的基础知识

一、中华传统文化

（一）中华传统文化的内涵

中华民族有五千多年连绵不断的文明历史，创造了博大精深的中华文化，这为人类文明进步做出了不可磨灭的贡献。中国是有着悠久文明的国家。在世界几大古代文明中，中华文明是没有中断、延续发展至今的文明，已经有五千多年历史了。具体体现在如我们的祖先在几千年前创造的文字至今仍在使用，大一统的国家形态赓续至今等。两千多年前，中国就出现了诸子百家的盛况，老子、孔子、墨子等思想家研究天文地理，广泛探讨人与人、人与社会、人与自然关系的真谛，提出了博大精深的思想体系。他们提出了很多理念，如孝悌忠信、礼义廉耻、仁者爱人、与人为善、天人合一、道法自然、自强不息等。

中华传统文化是中华民族在中国古代社会形成和发展起来的比较稳定的文化形态，是中华民族的历史遗产在现实生活中的展现，是中华民族智慧的结晶。这个思想体系蕴含着丰富的文化科学精神，主要体现在三方面。一是凝聚之学，是内部凝聚力的文化。这种文化的基本精神是注重和谐：把个人与他人、个人与群体、人与自然有机地联系起来，形成一种文化关系。二是兼容之学。中华传统文化并不是一个封闭的系统，尽管古代对外交往往受到限制，但还是以开放的姿态实现了对外来佛学的兼容。三是经世致用之学。文化的本质特征是促进自然、社会的人文之化。中华传统文化突出儒家经世致用的学风，以究天人之际为出发点，落脚点是修身、齐家、治国、平天下，力求在现实社会中实现其价值。经世致用是文化科学的基本精神。

中华传统文化作为概念，不仅是指"文化"，更是强调"文化"与"传统"的结合。传统貌似是一种时间概念，但实际上绝非如此简单。客观的物理时间在某些对象身上意义不大。

这里对传统文化内涵的界定并非基于时间概念，不根据具体历史事件，也不寻找具体的时间节点，而是依据性质来划分传统与现代的界限。《新编社会主义辞典》将中华传统文化定义为：中华民族在历史发展过程中形成和积累的、具有民族风格和民族特质的精神文明成果，包括传统思想、传统道德、传统风俗、伦理思想、价值观念、审美观念、丰富的典籍和文学艺术珍品及科技成就等。

（二）中华传统文化产生的背景

任何文化的产生都有一定的背景。民族文化的差异性，是民族所处的地理环境、所从事的物质生存方式、所建立的社会组织形态的多样性形成的。就中华传统文化产生的背景看，中国以极有回旋余地的半封闭的亚热带季风气候为主，经济基础是以农业为主的自给自足的自然经济，社会组织是血缘宗法制。我国地大物博，历史悠久，文化异彩纷呈。

1. 地理环境和条件

俗话说：一方水土养一方人。一方水土也孕育了一方文化。中国疆域辽阔，由于各地的地理位置、自然条件的差异，人文、经济方面也各有特点。我国在亚洲东部、太平洋西岸。东南及东部面向海洋，东北、北部、西北、西部、西南都与欧亚大陆连接，但被河流、沙漠或高原峻岭所阻隔，所以，相对封闭。四周都有天然的阻隔是我国地理的一大特点。在交通不发达的古代，相对封闭的环境对我国与其他地区的互通产生了一定的影响。

具体来说，我国西部是大部分高原，几条大山脉把亚洲分为东亚、西亚、南亚和北亚。我国西部高山峻岭，山路崎岖，虽有一线可通，且汉代已开通了丝绸之路，然而这干旱荒凉之地，在古代是难以逾越的。我国西南有世界上最高的山脉——喜马拉雅山脉，它是东亚大陆与南亚次大陆的天然分界山。另外，我国西南的横断山脉及其江河、热带丛林也是我国与南亚、东南亚的天然阻隔。我国北部是广袤无垠的草原和沙漠，地势起伏不大，然而中国古代，从贝加尔湖到外兴安岭一线基于严寒等原因又几乎无交往，形成了一个人文空间带。我国东部及东南是广阔的海岸线。

尽管我国处于相对封闭的地理位置，但是一直在努力探索与其他国家、地区的往来。从古丝绸之路，到今天"一带一路"倡议，正是中国积极促进同其他国家往来的最好证明。

中国自然地理环境对传统文化的影响主要表现在以下两方面：

一是中国的地理自然环境多样，带来了文化的多样性与多元一体格局。中国自然地理状况为东部地势低平、气候湿润，西部高亢而干燥，因此，中国古代就形成了东南、中原以农耕为主，而西北以畜牧为主的人文生产景观。同时，由于从南到北温度和干湿度的变化，形成了秦岭-淮河以南的中国南方产业结构以稻作农业为主，秦岭-淮河以北至长城的中国北方产业结构以粟作农业为主，而长城以北则以游牧业为主的不同态势。由于我国中原地区自然环境相对优越，文明起步较早，历史上还形成了各民族内聚，多元文化类型融合的趋势，从而出现了中国传统文化形成发展过程中的多元一体格局。

二是中国自然地理环境导致文化的封闭性大于开放性。由于四周的天然阻隔和相对封闭的自然地理，古代一直缺乏对外开放、向外进取的条件和动力。发达的农业经济促成了中国人安土重迁、安分守己、乐天知命的民族性格。由于绝大部分人口都集中在地理环境相对优越的中原、东南农耕区域，因而造成了人多地少的局面。人们只能在有限的土地上精耕细作，集约经营，对土地自然而然产生了一种特殊的感情，长此以往，中华民族对乡土便有了深深的眷恋，对故国产生了深厚情怀，增强了民族凝聚力。

2. 经济基础

文化总是与经济紧密地联系在一起。中国文化源远流长的历史原因也正在于中国几千年来始终是以农业为主的自给自足的自然经济社会。从人类文明的历史看，农业是整个古代世界的决定性的生产部门，早期农业水平越高，文明程度也越高。这是因为，只有当社会生产出多余的食物，才有可能从人群中分化出一部分从事非生产性活动的文化人，去进行科学和文学艺术的创造。

中国早在七千多年前的新石器时代，就已经出现了农业文明的痕迹，其中，最具代表性的是发源于黄河流域的仰韶文化、华东沿海的河姆渡文化、江汉流域的新石器文化等，在此基础上形成了独具特色的"小米文化"和"水稻文化"。正是由于黄河流域拥有比较高水平的农业，从而形成了中国上古时代的政治、经济和人文中心。随着农业生产力的发展，这一文明逐渐向长江流域扩展。

在中国传统社会中，自给自足的自然经济始终占据统治地位。中国传统社会的经济是农业、家庭手工业相结合的小农经济，其生产主要是为了自给自足，但也有很少量的交换。实际上，早在春秋战国时期，在农业、家庭手工业、官府手工业发展的同时，也出现了"独立自由"的手工业者与商人。秦代大一统帝国形成后，度量衡、货币、文字等的统一更进一步促进了商品经济的发展，出现了比较繁华的都市；唐宋两代的商业城市更加繁华，并在北宋时期首次出现了工商业的行会组织；明清两代，随着商品生产和交换的发展，手工业和农业的分离加快了速度，出现了相当规模的手工业作坊和工场。在江南的有些城市，有了资本主义的早期萌芽。然而，在漫长的中国封建社会中，商品经济始终没有能够占据统治地位，一直作为自然经济的附属存在。其主要原因是历代王朝的统治者都采取重农抑商的政策。

中国文化是从农业经济的土壤中生长并发育起来的，以农业经济为主的中国封建社会对中国文化的形成和发展产生了重大影响。

首先，农业经济培养了中国人因循守旧、乐天知命的性格和吃苦耐劳、勤俭持家的美德。农业经济最显著的特点是对自然条件有很强的依赖性。中国社会很早就形成的"天人合一""天人协调"的哲学观念，就是中国人依赖自然、被动地适应自然的一种表现。从事农业生产，既要靠人的努力，又要靠天的配合，风调雨顺则五谷丰登，发生灾情则生活无着。所以，对自然条件的依赖养成了中国人乐天知命的特性。在以农业经济为主的社会中，在农业劳动力与土地相结合的生产方式下，农民生活在一种区域性的小社会中，与外部世界几乎处于隔绝状态。因此，农民从生到死都在这片土地上，日出而耕，日落而息，往复循环。这样的生产生活方式，既培养了中国人吃苦耐劳、勤俭持家的美德，又养成了农民因循守旧、不图进取、安于现状、知足常乐的心理和性格。

其次，农业经济培养了中国人的务实精神。农民在农业劳动过程中领悟到一条朴实的道理：说空话无济于事，踏实做事必有所获。因此，他们很少去关心人世之外的事情，更关心现实生活，这也是中国没有出现如欧洲中世纪那样的宗教狂热的原因之一。

再次，农业经济养成了中华民族爱好和平的天性。农民固守在土地上，这既是农民自身的要求，也是统治阶级统治农民的需要。因此，农民对人际关系的要求是相安无事、互帮互助、人际关系和谐、个人平安。在与周边少数民族的关系上，他们所希望的也是与外族的和平共处。中国古代一直拥有强大的军队，纵使这些军队强大得足以征服世界，封建统治者也主要是用这些军队进行防御。长城就是这一现象的生动体现。这与中亚、西亚多次崛起的游牧民族以军事征服、战争为荣耀的心理形成鲜明的对比。从中国历史上看，以汉族为主的中原农业民族对西北草原地区游牧民族的侵扰基本上都采取了防御政策；为求得与西北草原地区游牧民族的和平共处，还采用过"怀柔"政策，主要形式有和亲、会盟等。显然，这与西方民族主张战争、征服世界也有很大的不同。

最后，农业经济造成了独特的政治观念。一方面，中国封建专制主义的确立与农业经济有很大的关系。中国封建社会的村落和城镇虽雷同但分散，并且缺少商品交换。彼此联系的松散，自然会使农民对高高在上的集权体制产生崇拜。中国封建社会的集权政体和统治思想就是在这样一种背景下产生的，这也成为中国封建专制主义延续两千多年没有中断的原因之一。另一方面，农业经济造就了中国社会的"重农耕"思想和"重民"思想。中国封建社会始终以农业立国，农业始终被放在社会政治、经济生活的首位，它的兴旺与衰落一直是衡量中国历代王朝统治是否稳定的重要标志。正是由于把农业放在社会生活的首位，所以，封建社会存在和发展的前提就是农民的安居乐业。农民安居乐业，农业生产才能稳定有序，封建统治者才能稳定统治；如果农民无法维持生计，甚至民怨沸腾，封建社会的大厦就会倾斜。因此，"重民"思想便自然产生，而且成为区别于西方政治观念的重要方面。我们之所以能看到中国古代许多知识分子以"忧国忧民"为己任，以规劝封建统治者处理好君民关系为目标，原因就在于此。因此，"民惟邦本""民贵君轻"等民本思想成为中国农业社会的传统政治思想观念。这种民本思想作为中国文化系统的重要组成部分，一直深刻影响着社会生活的许多方面。

3. 政治环境

中国古代的国情，如农本主义的经济形态、重宗法伦常的社会关系、集中制的政治制度、独尊儒术的意识形态、稳固的血缘地缘关系等，是形成中国古代国情的各种元素。重视宗法伦常、集中制的政治制度等特点，是产生中华传统文化的主要社会政治环境因素。

所谓血缘宗法制度，就是以血缘关系的远近亲疏来区别高低贵贱的法规准则。宗法制源于氏族社会父系家长制公社成员间的血缘联系。在中国传统社会中，这种自然形成的血缘关系，不断地被强化延伸，以至于上升演变为一种制度——血缘宗法制度。作为一种庞大、复杂却又井然有序的血缘政治社会构造体系，血缘宗法制是在古代社会宗族普遍存在的基础上形成的。宗法制的实质在于族长对整个宗族或成员实行家长式的统治。这一制度绵延数千年不变，从而构成了中国传统社会的一大基本特征。这种权力机构的特殊性在于上与国家权力相结合，下与每个宗族成员相联系。

宗法制孕育于商代，定型于西周。宗法制规定，社会的最高统治者"天子"，是天帝的长子，奉天承运，治理天下土地臣民。从政治关系而论，天子是天下共主；从宗法关系而论，天子是天下大宗。"天子"由嫡长子继承，世代保持大宗地位。嫡系非长子和庶子则被封为诸侯，他们相对天子为小宗，但在各自封侯的地区又为大宗，其位由嫡长子继承，其余的儿子封为卿大夫。卿大夫以下，大、小宗关系依据上例。由此可以看出宗法制的基本内容为：嫡长子继承制、分封制、严格的宗庙祭祀制度等。

秦始皇统一中国后，建立了统一的封建中央集权的多民族国家，废分封制实行郡县制，实现了空前统一的社会政治结构。这种社会政治结构，对血缘宗法制度产生了重大冲击，但宗法制的某些基本特征，如皇位的嫡长子世袭制、贵族名位世袭制、父权家长制，以及政权、族权、神权、夫权等的紧密联系和相互渗透等，仍继续影响着中国社会和中华传统文化。

第一，中国人的血缘观念及家族观念十分浓厚。中国传统社会的结构是以家庭为单位的，每个社会成员都不可能脱离这种血缘宗法实体而独立。为了维护社会的稳定，首先必须维护家族的稳定。就统治者方面来说，统治者只有妥善地处理好家族成员之间的关系，才能使权利和财产的继承有章可循；就被统治者来说，以一家一户为单位的小农生产在家长的带领下进行；只有使家属成员和睦相处，尊老爱幼，才能保持生产活动和日常生活的正常运行。因此，历朝历代上至皇族宗室，下至平民百姓都是以这种血缘宗法关系作为巩固统治和维系家族稳定的支柱和根本。这一点深刻影响了中国人的血缘观念。血亲关系是中国人际关系中最重要的关系，"亲族圈"是中国人交往的重要网络。因此，在宗法制度下，也就有了以宗法为经的人伦道德，家族在传统道德中有着极其重要的地位。因此，家族宗法伦理是我国传统伦理道德的基础和核心。

第二，在宗法制度的约束下，中国文化表现为崇拜祖先、注重族系延续的特点。中国文化中有天、地、君、亲、师五尊，其中，以"亲"最为现实，其他四尊都可以从尊"亲"这一条中得到理解。在中国文化中，先祖、双亲最受尊敬；祭祖、"孝亲"文化在中国文化整体中占有十分重要的地位，这正是由于宗法制度带来的对祖先的崇拜，同样也使中国人崇拜救世主。家族供奉的是天、地、君、亲、师五尊，而不是上帝或佛祖。不但如此，宗法制度还促使传入中国的佛教仿照世俗宗法的继承关系，建立一整套法嗣制度和寺院财产继承法规。各个宗派的师徒关系，犹如中国世俗的父子关系，代代相传，形成世袭的传法系统。在政治权利和经济产权的继承上，宗法制度普遍遵循父系世袭原则，完全排斥女性成员的继承地位，因此，中国人注重家族的延续，常以家族兴旺、子孙众多为荣耀，以无后、断子绝孙为大不孝。由于注重宗族的延续和繁衍，中国才产生了颇具特色的父母之命的婚姻，以及多子多福的思想观念和休妻、纳妾等一系列文化现象。

第三，族权与政权结合，形成"家国同构""君父一体"的结构。族权在宣扬纲常名教、执行礼法、维护宗法专制秩序方面，与国家政权的目标一致；国家政权也以家族精神统驭臣民。因此，在宗法制度下，个人被纳入宗法集体中，个体的人必须服从宗法团体。个人的自由，不论是经济活动的自由还是生活方式的自由，都要严格地受宗法集体限制。这样便产生了中国传统文化带有群体意识的特征。这样的宗法制度，促进了人与人之间的紧密关系，维护了尊老爱幼、夫妻相敬、兄弟相亲的家庭美德，从而对中国社会的稳定起了积极的作用。但也在一定程度上压抑了中国人的个性和创新精神。从表面上看，这种占据传统伦理道德核心地位的宗法伦理体现的是人际关系的平等原则，但实际上是严格的等级尊卑制。传统家庭按照宗法原则规定了人的等级差别，从而使人与人之间的差别、社会等级秩序僵化为不可改变的模式。

第四，宗法制度培养了中国人很重传统的观念。宗法观念强调敬祖宗、孝父母，其中自然包括对祖宗、父母所创造的事业、所立家训的尊重。做不到被认为是祖先的不肖子孙；能遵守祖训则被誉为孝子贤孙。久而久之，传统成了真理的化身。这种对传统的极为敬重，从积极的角度看，有利于中华民族历史和文化的延续；从消极方面来看，造成了中国人相对保守、厚古薄今的思维习惯，不利于人的进取和创新精神的发扬。

总之，血缘宗法关系或宗法思想意识，存在于政治、经济、法律、文化的诸多领域，成为中国传统社会的一个基本特征，对中国传统文化的形成和发展产生了复杂而深远的影响。

（三）中华传统文化的类型

半封闭的大陆型地域、农业经济格局、宗法与专制的社会组织结构相互影响和制约，形成了一个稳定的生存系统，与这个系统相适应，孕育了伦理类型的中华传统文化。

中华传统文化不仅在观念的意识形态方面产生了久远的影响，而且还深刻影响着传统社会心理和人们的行为规范，如孝亲敬祖、尊师崇古、修己务实、乐天知命等。如果把西方的文化视为"智性文化"，中国文化则可以称为"德行文化"，即一种德智统一、以德摄智的文化。注重人与自然的和谐与统一：人，出于自然，以天地为父母，以万物为朋友，其精神（"气"）可以与天地相通。因此可以说，人的德出自自然天地，人与天地自然可以"合其德"。"天地有德"中华传统文化的伦理类型，在社会根源上，主要源于中国古代社会宗法体系的完善及其影响的长期存在。

与世界各国不同，中国是在血缘纽带解体不充分的情况下步入文明社会的，从而形成了独特的宗法体系。与之相联系，血亲意识，即所谓"六亲"（父子、兄弟、夫妇）、"九族"（父族四，指自己一族、出嫁的姑母及其儿子、出嫁的姐妹及外甥、出嫁的女儿及外孙；母族三，是指外祖父一家、外祖母的娘家、姨母及其儿子；妻族二，是指岳父的一家、岳母的娘家）的观念构成社会意识的轴心，而且其形态在后来的发展中日益精密化。经过历代统治者及其士人的加工，宗法体系下的血亲意识有的转化为法律条文（如不孝成为犯罪的"首恶"），更主要的是形成宗法式的伦理道德，长久地左右着人们的社会心理和行为规范。

作为社会心理状况的理论升华，伦理道德学说当仁不让地成为中华学术的首要重心，影响之大，导致道德论与本体论、认识论、知识论混淆。人伦效法自然，"人法地，地法天，天法道，道法自然"。自然也被人伦化，天人之间攀上了血亲关系，君王即"天子"，从而形成了天人合一、主客相混的观念。

中国古代的知识论从未与道德伦理学说明晰地区分开，为学的目的主要在于求"真"——探索自然奥秘，更在于求"善"——追求道德觉悟。自然科学、分析哲学难以获得充分的发展，伦理道德学说却延绵不断，甚至成为众多学科门类的出发点和归宿。政治学成为道德评判，政事被归结为善恶之别、正邪之争、君子小人之辨；文学强调教化功能，成为"载道"的工具；史学往往以"寓褒贬，别善恶"为宗旨；教育更以德育居首，知识的传授倒退居其次；至于哲学，往往与伦理学相混，主要是一种道德哲学。

伦理型文化的作用与影响。正面影响：强调道德面前人人平等，"人皆可以为尧舜"；对包括君王在内的统治者也可以形成道德制约和严格要求，人格评判式的道德制约在缺乏分权制的古代中国所发挥的社会调节功能不可低估；在特定历史条件下，还能鼓舞人们自觉维护正义，忠于国家民族，抵御外来侵略，保持高风亮节。负面影响：将伦理关系凝固化、绝对化，以致在某种程度上成为人身压迫的理论之源。

（四）中华传统文化的特点

1. 强大的生命力和凝聚力

中华传统文化的强大生命力，表现在它的同化力、融合力、延续力和凝聚力等诸方面。所谓同化力，是指外域文化进入中国后，大都逐步中国化，融入中国文化而成为其一部分，如佛教文化的传入和中国化；所谓融合力，是指中国文化并非单纯的汉民族文化或黄河流域的文化，而是在汉民族文化的基础上善于有机地吸收中国境内各民族及不同地域的文化——也有同化的意义。中华传统文化的同化力和融合力，是其无与伦比的生命延续力的内在基础；中华传统文化的强大生命力还表现在它具有历久弥坚的凝聚力。这种凝聚力具体表现在文化心理的自我认同感和超地域、超国界的文化群体归属感。

2. 重实际求稳定的农业文化心态

在以农业生产为生存根基的中国，农业生产的节奏早已与国民生活的节奏相通。传统节日均来源于农事，是由农业节气演化而成的，并不像其他民族——节日多来源于宗教。农本商末、重农抑商的观念在中国式的农业社会可谓根深蒂固。务实精神是"一分耕耘，一分收获"的农耕生活导致的一种群体价值趋向。农耕民族的中国人，从小在农业的简单再生产过程中形成的思维定式是注意切实领会，并不追求精密谨严的思辨体系，被西方人称赞为"最善于处理实际事务"的民族。

3. 以家族为本位的宗法文化

中国古代历史的发展脉络，不是以奴隶制的国家代替氏族血缘纽带联系起来的宗法社会，而是由家族走向国家，以血缘纽带维系奴隶制度，形成"家国一体"的格局。氏族社会的解体在我国完成得很不充分，因而氏族社会的宗法制度及其意识形态的残余大量积淀下来。几千年来，全社会并未长期存在如同古代印度和欧洲中世纪那样森严的等级制度，社会组织主要是在父子、君臣、夫妇、长幼之间的宗法原则指导下建立起来的。

4. 尊君重民相反相成的政治文化

长期运作于中国的农业自然经济，是一种商品交换欠发达、彼此孤立的经济。在这种土壤中生长起来的极度分散的社会，需要高高在上的集权统治加以整合，以抵御外敌和自然灾害，而人格化的统合力量则来自专制君主。因此，"国不堪贰"的尊君传统乃是农业宗法社会的必然产物。中国农业社会需要并养育了一个君主集权政体，而这种君主集权政体一经形成，又成为超乎社会之上的异己力量，它剥夺了人民的权利，把军、政、财、文大权全部集中到朝廷以至皇帝个人手中。

5. 重人伦轻自然的学术倾向

中华传统文化以"人"为核心，表现在哲学、史学、教育、文学、科学、艺术等各个领域，乐以成德，文以载道，追求人的完善，追求人的理想，追求人与自然的和谐，表现出鲜明的重人文、重人伦的特色。《论语》中有关自然知识的材料共五十四条，涉及天文、物理、化学、动植物、农业、手工业等方面现象，不可谓不丰富，但究其内容都是利用自然知识以说明政治、道德方面的主张，而不以自然本身的研究为目的。

6. 经学优先的文化主流

中华传统文化还有一个突出的外在形式上的特点，就是它的经学传统。所谓经学传统，是指中国文化长期以儒家经学为主流，有着一以贯之的传统，形成了独自的特色。这对中国文化的发展产生了深远的影响：一是儒家思想对中国文化各方面的广泛渗透；二是在经学的影响下，科学未能充分独立；三是经学对中国宗教的发展，也产生一定影响，制约了宗教的发展和影响的扩大。

中国传统文化不是十全十美的，有两面性。中华传统文化维系了伟大中华民族延续几千年而不衰，我们应充分肯定其中精华部分，但也要看到它的历史局限性，辨别其中的糟粕。封建性和等级性正是传统文化的缺陷和不足之处。中华传统文化的核心——儒学，因与皇权结合而政治化，成为为封建统治服务的工具。主要表现是封建专制主义思想和封建宗法等级制度，以君权、父权、夫权为核心的等级制度和人身依附关系，官本位思想和重男轻女观念，都严重影响和禁锢了中国人的头脑。所以，关于传统文化，我们应该客观认真探析，本着实事求是的原则，结合我们当今社会发展的需要，不夸大、不掩盖，真正做到"取其精华，弃其糟粕"，这对继承和发扬传统文化具有至关重要的作用。

二、中华优秀传统文化

（一）认同与归属：凝聚中华民族精神力量

纵观中国历史的长河，我们不难发现，国力鼎盛不仅体现在国家经济繁荣，还体现在传统文化所取得的丰硕果实。汉、唐、宋、明时期是中华传统文化繁荣发展时期，汉代奠定了儒学在传统文化中的主体地位，唐朝铸就了中华传统文化在中国历史上空前发展的盛况，宋明理学的成熟则将儒学思想的发展推向了新纪元。在这一发展进程中，中华优秀传统文化作为重要的理性支撑，其中所蕴含的以爱国主义为核心，团结统一、爱好和平的伟大民族精神在维护国家统一与稳定、和平与发展中起着重要的情感归属作用，能够凝聚中华民族文化力量，将中华儿女团结起来。

中华优秀传统文化所蕴含的革故鼎新、与时俱进的改革精神，刚健有为、自强不息的奋斗精神也为中华民族的团结提供了源源不断的精神力量。儒家思想所提倡的"入世"精神倡导人们回归现实，关注现实生活，积极解决社会运行中出现的问题，采取积极措施推动国家变革。这就要求人们树立与时俱进的改革精神、自强不息的进取精神，这些精神与"居安思危"的危机意识异曲同工，凝聚了中华儿女的向心力，都鼓励人们通过积极进取和不懈努力追求美好生活。自强不息的进取精神与实干兴邦的报国品质具象为"天下兴亡，匹夫有责"的责任担当和敢为人先的奉献情怀，共同激励着中华儿女在几千年风雨洗礼中砥砺前行。

（二）教化与培育：塑造中华民族优秀品格

中华优秀传统文化历经几千年风雨洗礼而发展得越发强劲，影响着中华儿女的思维方式和价值观念，为个人的行为实践和成长发展提供了精神上的指引。弘扬优秀传统文化的精神，继承传统文化的光荣血脉，能够在新的时代背景下铸就中华民族刚毅不屈的民族气节，塑造中华民族的优秀品格。道德修养与精神品格是决定一个人发展层次的内在因素和重要根基，是一个人的特质体现。个人独立品格的完善与思想素养的修炼是决定个人成长和发展的关键。中华传统文化向来注重行为主体的道德修养，古代思想家和哲学家对如何提升道德修养进行思考，他们把完善个人精神品格看作个人安身立命的基点和实现自身志趣理想的前提，要求人们具有正心诚意、"修齐治平"的心性修养，不断完善自身品质，为个人养成规范得体的言谈举止和实现人生理想提供了隐性的精神层面的力量支撑。这样一来，社会个体的行为实践越来越趋向社会主流价值观，社会风气也就越来越和谐。

（三）建构与导向：共筑中华民族精神家园

一个民族、一个国家所信奉的价值准则会对社会风气的形成与维护产生建构与导向作用，中华优秀传统文化是中华儿女砥砺前行的精神支撑，能够建筑起强大的精神家园。中华优秀传统文化对"以和为贵，和而不同""天下为公，世界大同"的尚和思想推崇备至。在这种价值取向的引导下，崇尚和谐的价值观念也为中华儿女所普遍认可与接受，并逐渐成为中华民族的行为准则与处世哲学。"身教为要、孝老爱亲"的仁爱理念、"兼爱""非攻"的优良传统、"求同存异"的文化底蕴为缓和社会矛盾、维护社会稳定提供了精神动力，对于在当下加强精神文明建设意义重大。

优秀传统文化的传承有利于加强社会主义道德建设。基于我国改革开放四十多年来的经验，我们认识到加强道德建设意义重大。我们所建设的道德指的是社会主义道德，它能够从中华优秀传统文化中汲取养分，此外，儒家道德更是为现代人的价值取向提供了重要借鉴。儒家思想注重人际关系，重视人的气节品格，强调通过个人修养的完善来达到人际关系的和谐，这与我们当下建设有中国特色的社会主义目标是相容相符的。

第三节　中华优秀传统文化的传承意义

一、坚定文化自信的重要基础

坚定文化自信，要理解历史文化发展的一脉相承性，必须尊重本民族的历史文化，尊重本民族的社会风俗，尊重本民族的生活模式，尊重本民族的发展方式，坚持中国本位立场，坚守中华民族的精神家园。因此，我们是否有文化底气，我们的文化自信是否坚固，关键在于心底是否有对传统文化的深刻体悟和广泛认同，我们不能在对待传统文化的态度上举棋不定，或者干脆全盘否定，向其泼脏水，礼敬传统文化是我们坚定文化自信的关键，是我们团结奋斗的共同思想基础。

从历史文化中了解中国，能够看到中华文明的传承与精髓，能够了解中华民族的形成、发展路径，更能够触摸到民族的精神根基与共同记忆。增强文化自信需要历史的根基，要更深刻更全面地把握中国的历史与文化，只有这样才能更好地明晰今后的发展道路，并从优秀的传统文化中汲取营养，为当下文化自信的建设与发展注入新的活力。

科学地对待传统文化，为我们找到了传统与现代结合的方式，也为我们树立文化自信、坚定文化自信奠定了基础。可以说，弘扬优秀的传统文化，是我们坚定文化自信的核心，只有做到了将我们优秀的价值信仰、道德审美体系充分阐扬，才有可能在文化竞争的格局中做到不被外界迷惑，始终坚守并深刻体认自己的文化价值观，并以一种平等、豁达、自豪的心态积极参与到全球的文明对话中。

二、强化民族认同的重要法宝

民族认同感，是民族成员对自己民族产生的认可和赞同的情感。这一情感既包括对自己民族身份的认可，即对"我属于这个民族"的认可；也包括对自己民族身份的赞同，即对"身为这个民族成员很光荣"的赞同。"认可"与"赞同"的情感相互强化，共同组成民族认同感，成为民族产生凝聚力的情感基础。这个基础牢固，民族凝聚力就强大；反之，民族凝聚力就弱小。能够强化民族认同的因素很多，民族的传统文化无疑是其中最重要的因素。当今中国，着眼实现中华民族伟大复兴的宏伟目标，更应该强化全体中华儿女的民族身份认同，形成同心同向的民族凝聚力。中华优秀传统文化是包括海外华人华侨在内的所有中华儿女的共同精神家园，传承和弘扬中华优秀传统文化，就是对我们民族文化标志的反复强调和不断确认，就是对中华儿女民族身份的反复强调和不断确认，意义重大而任重道远。

中国文化博大精深，是世界文化大花园中一朵盛开的奇葩。以爱国主义为核心的团结统一、爱好和平、勤劳勇敢、自强不息的品德是中华民族的伟大民族精神，中华儿女对于祖国深切的归属感也由此而来。中华优秀传统文化是融入中华民族基因血脉的坚实力量，是中华民族生生不息、继往开来的精神支柱。在新时代，我们要创造性转化、创新性发展中华优秀传统文化，在扬弃继承、转化创新中弘扬和发展中华优秀传统文化，使其与现代社会相适应、与人们精神文化需要相契合，推动构建中华民族共有精神家园，助力社会主义文化强国建设。

中华民族上下五千年历经风雨洗礼愈挫弥坚，优秀传统文化如影随形，始终为中华儿女个人的思维方式和成长发展提供精神领航。坚守传统文化的行为准则，能够在新的时代背景下塑造中华民族的优秀品格，穿越事业发展征程中的迷雾惊涛破浪前行。中华优秀传统文化蕴含的核心价值内涵丰富，经久不衰，在当代依然焕发出勃勃生机和独特的魅力。中华优秀传统文化注重把人的精神生活纳入社会理想，融汇成底蕴深厚的价值观念和文化传统，代代传承，绵延不绝，成为中华优秀传统文化独特的信仰支柱和精神追求。

三、维护国家文化安全的重要保障

广义的国家文化安全指国家的主流文化价值体系以及建立于其上的意识形态、社会基本生活制度、语言符号系统、知识系统、宗教信仰等主要文化要素免于敌对力量的侵蚀、破坏和颠覆，从而确保主权国家享有充分完整的文化主权，尊重自己的文化价值传统，保持各个民族之间具有高度一致的民族文化认同。国家文化安全的内涵主要涉及两个层面：一是政治意识形态；二是文化与精神内涵。其中，政治及意识形态内涵构成一个国家文化安全的核心，文化与精神内涵奠定了国家和民族认同的基础。

文化是国家和民族生存、发展的基础条件。文化不仅积淀着一个国家和民族的全部文化创造和文化成果，蕴含着从过去走向未来的发展基因，还为一个国家的政治稳定和经济发展提供了精神动力，为人民大众提供深厚的道德基础。一旦文化遭遇威胁，必然给民族和国家带来危机。国家文化安全与政治安全、经济安全一样，是国家安全的重要组成部分。

国家文化安全是一个涉及国家文化主权、民族凝聚力、综合国力、社会稳定和构建社会主义和谐社会的战略性问题。因此，在各项工作中，必须树立国家文化安全意识，高度重视国家文化安全，深刻认识国家文化安全与弘扬优秀传统文化之间的关系，借鉴优秀的中国传统文化，巩固马克思主义在意识形态领域中的指导地位，弘扬创新传统文化，建设有中国特色的社会主义先进文化，继承传统美德，重塑国民精神道德规范，为确保国家文化安全树起一道坚实的屏障。

四、培育社会主义核心价值观的重要资源

中华优秀传统文化为社会主义核心价值观提供了深厚的精神资源。社会主义核心价值观是在吸收中华优秀传统文化丰富营养的基础上逐步提炼、发展和完善起来的，是对中华优秀传统文化的传承和升华。离开优秀传统文化的滋养，社会主义核心价值观将变成无源之水、无本之木。我们培育和践行社会主义核心价值观，一定要立足中华优秀传统文化，认真汲取中华优秀传统思想精华，大力弘扬以爱国主义为核心的民族精神和以改革创新为核心的时代精神，努力用中华民族创造的一切精神财富来以文化人、以文育人，使中华优秀传统文化成为涵养社会主义核心价值观的重要源泉。

中华优秀传统文化为核心价值观提供了丰富的思想道德资源。中华传统美德是中华文化精髓，蕴含着丰富的思想道德资源。核心价值观，是汲取了中华文化的思想道德资源、弘扬了中华传统美德而形成产生的。几千年来，我们的先人为我们积累了丰富的道德资源和道德规范。比如，"自强不息、厚德载物"的思想，提出了一个追求道德境界和理想实现的途径；"以民为本、安民富民乐民"的思想，强调惠民安民乐民的为政之德；"仁者爱人、以德立人""为政以德、政者正也"的思想，强调了关爱人民、以德治国、做人民的榜样的政治品德；"以诚待人、讲信修睦"的思想，强调了人与人之间讲究信用、谋求和睦的道德品格等。我们必须认真汲取道德精髓，深入挖掘和发扬以德治国、以德立人和明德、亲民、至善的道德思想，大力弘扬中华传统美德，使中华传统美德在新的历史条件下发扬光大。

中华优秀传统文化为核心价值观提供了丰厚的文化资源。中华民族拥有五千年的悠久历史，创造了灿烂辉煌的文明，中华优秀传统文化对世界文明进步做出了巨大贡献。中华优秀传统文化经过几千年的漫长岁月，以一种春风化雨、润物无声的形式逐渐地浸润到我们每个中国人的心灵生活中、流淌在我们的血脉之中。中华优秀传统文化为核心价值观积累了丰厚的文化形态、文化思想、文化精神。弘扬中华优秀传统文化工作，要不断从深厚历史文化中汲取养分、优化资源，利用成语典故、诗词格言、传统美术、民间工艺、楹联灯会等文化形式，展现中国特色、中国风格、中国气派，不断夯实核心价值观的文化基础。

五、建设中国特色社会主义的重要支撑

中国特色社会主义是在党的领导下根据中国的国情实行的社会主义，它既不同于传统

的社会主义，又不同于其他国家的社会主义。它既要坚持马克思主义的基本原理，走社会主义道路，又必须从中国的实际出发，不照抄、照搬别国经验、模式，而是走具有中国特色的路。换句话说，马克思主义要在中国生根并发挥它的作用必须中国化，即与中国的实际相结合，其中一个重要方面就是与中国传统文化相结合。

无论是坚持马克思主义的指导，牢牢把握社会主义建设的方向，还是从中国实际出发，走具有中国特色的道路，都离不开中华优秀传统文化的传承。更准确地说，在中国，坚持马克思主义与传承中华优秀传统文化是建设中国特色社会主义过程中相辅相成的一体两面，马克思主义中国化与中国传统文化现代化可以看作同一过程的两方面。

中国传统文化的现代化不是消灭传统，而是把传统文化放置在马克思主义的框架中思考，在新的社会主义条件下延伸传统、更新传统、丰富传统。因而，建设和发展中国特色社会主义，必须传承和发展好中华优秀传统文化，弘扬具有时代价值的思想理念、传统美德和人文精神，从而不断充实和丰富中国特色社会主义的内涵，把中国特色社会主义伟大事业推向前进。

第二章

中华优秀传统文化中的民族精神与道德观念

第一节　中华优秀传统文化的基本精神

一、"天下兴亡，匹夫有责"的爱国精神

5000 年来，爱国主义源远流长，像一条红线贯穿中华民族的历史和优秀文化传统中，在中华民族的发展过程中产生了巨大的凝聚力和向心力。这是我们铸造爱国魂的宝贵基础，是全世界炎黄子孙的精神纽带。

（一）爱国主义，经久不衰的国魂

爱国主义就是千百年来巩固起来的对祖国的一种深厚感情。这种感情深深地植根于中华民族传统文化中。作为一个多民族的大国，从古至今，我们不仅有共同的文化，而且有共同的民魂。尧舜时代的禅让制所萌发的国家为重、以德治国的进步意识，大禹治水三过家门而不入所形成的以民为本、为民除害的精神，儒家思想讲求"人格""国格"的意识与精神，都对国魂的形成起了重要作用。以后康有为、梁启超、孙中山等历代志士仁人继承、升华，形成了中华民族赖以生存发展的整体意识。这便是我们的国魂。从屈原的上下求索虽九死其犹未悔的忧国忧民思想，到苏武"杖汉节牧羊"；从诸葛亮"鞠躬尽瘁，死而后已"，到杜甫的"忧端齐终南，澒洞不可掇"；从范仲淹的"先天下之忧而忧，后天下之乐而乐"，到文天祥的"人生自古谁无死，留取丹心照汗青"；从顾宪成的"风声、雨声、读书声，声声入耳；家事、国事、天下事，事事关心"，到顾炎武的"天下兴亡，匹夫有责"……无一不是这种国魂的体现，无一不是爱国主义的颂歌。这种爱国主义精神为核心的民族魂，形成了强大的凝聚力，使中国始终能以统一的多民族国家形象屹立于世界民族之林。

（二）抗敌御侮，维护祖国尊严的国格意识

爱国主义作为一种强大的凝聚力，往往在中华民族遭遇危难之际爆发出来，也往往在爱国志士为使中华民族跻身于世界民族之林的奋斗中激发出来。中国人民自古就有很强的国格观念。蔺相如"完璧归赵"，"国不受欺，晏子使楚，国不受辱"，都是这种国格意识的体现。

（三）勤劳智慧，创造灿烂的文明

爱国主义的凝聚力与感召力，不仅表现在抵御外侮，保卫祖国的斗争中，在建设祖国的奋斗中也同样显示出其巨大的威力。自古以来，我们中华民族世世代代劳动、生息、繁衍在这片土地上。各族人民用自己的聪明、智慧和辛劳，共同创造了光辉灿烂的中华文明。六七千年前我们的祖先就在黄河、长江流域种植粟、稻、蔬菜等农作物，使我国成为世界上种植水稻最早的国家之一。中国是世界上有名的丝、茶的故乡，在19世纪末以前，茶叶出口量一直居世界首位；是世界上的"瓷器之国"，大量"薄如纸，声如磬"的珍贵艺术瓷器，远销世界各国；是世界上发明冶金术最早的国家之一，商代青铜器四羊方尊，造型雄奇，工艺高超，乃奇世精品。中国是世界上四大文明古国之一，科学技术一直处于世界领先地位，"四大发明"传入西方，对欧洲的社会变革和历史发展产生了巨大而深远的影响，促进了世界文明的发展。中国古代文明之所以在一个相当长的历史时期内领先于世界，一个重要原因就是能够在自身发展的基础上不断吸收世界各民族的文化，使自己的文明得到新的开拓、丰富和发展。中华民族以自己的勤劳和智慧，创造了光辉灿烂的文明。这是我们今天得以前进和发展的基础。

二、开拓进取、自强不息的奋进精神

（一）积极强烈的主体意识

春秋战国时期，围绕统一中国的目标，各诸侯国展开激烈竞争，富国强兵，广揽人才；在均等的机会下，为施展抱负，实现理想，诸子并起，群贤角逐，百花齐放，百家争鸣。在这种背景下产生的四书，也就展示了朝气蓬勃的文化思想、健康向上的社会心态、积极强烈的主体意识。因此，有"日日新，又日新""万物皆备于我""故天将降大任于是人也""如欲平治天下，当今之世，舍我其谁也"等思想，这种主体意识激励着一代又一代中华儿女。毛泽东"问苍茫大地，谁主沉浮""指点江山，激扬文字，粪土当年万户

侯"的诗句，正是中华传统文化中这种主体意识的升华。

（二）以天下为己任的参与精神

以儒家思想为主体的传统文化，主张积极入世，主张深入现世生活，参与社会政治生活，主张"齐家""治国""平天下"。致力于高扬一种投入、参与的精神，要求人们超越他们自己个体和群体的利害得失，而发展对整个社会的关注，也就是怀着强烈的社会使命感、责任感和义务感，"以天下为己任"。

（三）奋发有为的进取精神

"自暴者，不可与有言也；自弃者，不可与有为也。"传统文化强调自强不息、积极进取，反对消极无为、自暴自弃这种精神从古至今激发人们积极向上，奋发有为。这种精神不仅表现在反抗外敌侵略、推翻黑暗统治和改造山河的斗争中，还表现在治学和其他一切事业中。苏秦刺股、匡衡凿壁、孙敬悬梁、刘向燃藜、孙康映雪、车胤囊萤、江泌借月……这些都堪称中华民族勤奋好学、刻苦成才的典范。

三、天下为公，崇尚一统的执着精神

（一）天人合一的大一统境界

在人与自然的关系上，中国强调天人合一。战国时子思、孟子首先提出这种理论。后来汉儒董仲舒又强调"天人之际，合而为一"。宋儒张载则说："天人异用，不足以言诚。"程颢认为："天人本无二，不必言合。"朱熹也说："天人一物，内外一理：流通贯彻，初无间隔。"他们的理论虽未尽善尽美，但人是自然界的产物，人也是自然的一部分，"天人合一"观有其合理因素。"天人合一"可以说是大一统思想的理论基础。大一统的最高境界即天人合一。天人合一的大一统思想在中华民族的发展史上，对国家的统一，民族的团结，乃至人际关系的和谐，都产生了巨大而深远的影响。

（二）天下为公的执着追求

中华民族由于家族本位的社会结构和礼教文化的传统，熏陶出一种群体主义的精神。在此基础上，把家族、群体的和谐相处作为重要的价值取向，进而扩大到整个国家。孟子说："人有恒言，皆曰天下国家。天下之本在国，国之本在家，家之本在身。"以儒家为代表的传统伦理道德一贯重视个人、家庭和国家三者之间的关系。"大道之行也，天下为公。"中国传统文化的大同境界的基本精神，就是一个"公"字。大公无私的共产主义精神就是"天下为公"传统在新的历史时代的升华。"民为贵，社稷次之，君为轻"是天下为公的体现。在实践上则为"老吾老以及人之老，幼吾幼以及人之幼，天下可运于掌"，这就是天下安定于统一之"王道"。此外，我们所推崇的"以天下为己任""先天下之忧而忧，后天下之乐而乐""国家兴亡，匹夫有责""落红不是无情物，化作春泥更护花""四海之内皆兄弟"等都闪耀着"为公"精神的光华。

（三）"厚德载物"的凝聚精神

《周易》中的"厚德载物"在历史长河中升华为中华民族讲团结、宽容、宽厚的精神。我国民间广泛流传着"五双筷子折不断"等故事。其寓意无一不在倡导团结统一意识。孟子以攻守城池的胜败，雄辩地证明"天时不如地利，地利不如人和"的真理。《史记》记载着廉颇、蔺相如将相和而强国的史实。许多生动的事例都表明，中国人历来把团结视为力量的源泉，尤其是在外敌入侵的紧要关头，更能迅速形成抗敌的统一意志。如果没有这样一种团结意识、凝聚意识，我们这样一个人口众多的多民族国家就不能够繁衍到今天。经历千百年的锤炼，中华民族形成了一种无比宽阔的襟怀。为了国家和民族的利益，追求和谐、崇尚统一，这种执着的精神对于增进民族团结、增强民族的凝聚力，产生了巨大的作用。

四、重德修身、追求崇高的人格精神

一般来说，中国传统文化中包括传统道德思想和学说、传统道德风俗习惯、民族传统道德心理三方面。中国传统道德的原则和规范就主要体现在上述三方面。

（一）人本思想——传统道德的理论基础

人本思想是中华传统文化中优秀的、进步的内容之一。中国传统文化中的人本思想与西方的传统文化中以神为本的思想有很大的不同。它强调人兽之别，强调天地间人为贵，强调人的价值。孟子强调"无恻隐之心，非人也；无羞恶之心，非人也；无辞让之心，非人也；无是非之心，非人也"。这四者为仁、义、礼、智之端，这"四善端"是人与兽的根本区别。人若了解自己这种优势并且把它们扩大、充实，那社会就会像火刚刚点燃，像泉水刚刚流出一般。如果能充实它，就足以安定天下；如果不去充实它，则不足以侍奉自己的父母。人与动物的这种区别，正如鸡蛋能孵出小鸡，卵石永远是卵石一样。这是我国传统道德思想和学说的核心之点。人有道德的自觉，作为一个人就应遵循道德原则，坚持独立的人格尊严。孔子说："三军可夺帅也，匹夫不可夺志也。"人有独立意志，也承认别人有意志，坚持意志的独立性，亦即保持人格的尊严。"士可杀不可辱"强调的就是人格的尊严、人的价值。人对国家社会负有责任，因此对社会要有责任心。人有能动性，"人能弘道，非道弘人"。这些都是中华传统文化中人本主义思想的内容。它构成中国传统伦理道德的理论基础。

（二）理想人格——传统道德的价值目标

传统道德的思想基础在于人之所以为人的自觉，亦即人格意识。传统观念中对于"为人之道"的认识，首先在于肯定自己是一个人，行动要遵守做人的原则，要坚持自己的独立意志与独立人格。"一箪食，一豆羹，得之则生，弗得则死。呼尔而与之，行道之人弗受；蹴尔而与之，乞人不屑也。"这就是说，生命是宝贵的，但是有比生命更宝贵的，即人格的尊严。人格的尊严在于道德的自觉，有道德自觉的人才是一个高尚的人。这种人格意识是传统道德的思想基础。

传统文化对理想人格的设计成为这种文化中的一个重要内容。它通过对理想人格的设计，从人生远景上影响和塑造个体人格，从而使其道德价值观获得普遍的心理认同。理想人格的影响力是巨大的。孟子说圣人，百世之师也，伯夷、柳下惠是也。故闻伯夷之风者，顽夫廉，懦夫有立志；闻柳下惠之风者，薄夫敦，鄙夫宽。奋乎百世之上。百世之下，闻者莫不兴起也。所谓"理想人格"，就是对一种人格模式的理想化的设计，是人们在自己的心目中塑造出来的、最值得追求和向往的、最完美的人格典范，是人格所应达到的最高境界。这种"应当"的境界不是现实的，但又具有现实的可能性。人们可以通过持续的选择性活动过程不断接近它。理想人格的设定，从人生远景上回答了做什么样的人的问题，提供了一种人格追求的最高典范和做人的"楷模"。人们对理想人格的追求就是对更高的人生价值的追求。理想人格是一种价值目标。在代表中国传统文化精神的历代儒学典籍中，都把圣人先王作为理想中的伟大人物。如孟子说："圣人，人伦之至也。"能达到这种最高人生境界的人称为"大丈夫"或"君子"。历代圣人曾"引无数英雄竞折腰"。但从发展看，都只能"各领风骚数百年"。这正表明了理想人格是发展的，具有历史和时代的内容特色。

（三）"内圣外王"——达到理想人格境界的途径

以儒家思想为代表的传统文化不但精心设计了理想人格，还具体地规定了达到理想人格境界的途径。中国古代典籍中对此有极为丰富的论说，几乎涉及人生的各方面。这些论说可归结为"内圣外王"，也即"修身、齐家、治国、平天下"。儒家道德体系都是建立在人们"性相近，习相远"的基础上的，认为"人皆可为圣贤"。中国传统道德思想认为，个人人格必须先在一般人格中规定其范畴。圣人只是一个共同范畴，一个共同典型，只是理想中的一般人格在特殊人格上的实践与表现。圣人即是最富共通性的人格。"内圣外王"强调两方面的统一，即人格主体自身必备的德行和外部的成就，内足以资修养，外足以资经世。这便是中国传统文化所设计的走向圣人、形成理想人格的基本道路。所谓"内圣"，就是通过不断的内心反省和修炼，达到圣人所具有的那些品格和德行。然而，"内圣"只是走向圣人人格的一方面。个人还必须亲身参与"外王"的事功致用，从中真正领悟到个人在现实社会中的人生位置。因为人的生活不是孤立于社会之外的，只有积极入世，参与社会生活，沉入现世之中，通过"齐家""治国""平天下"，才能体现出人生价值和人格尊严来。

（四）重德修身——立身治国的根本原则

人的道德品质的提高还要靠教育。孔子认为教育的目的，不只是传授知识，更重要的是培养人的道德品质。在他的教学活动中，将德行列为诸科之首。他相信教育的力量可以改变人的素质，主张"有教无类"。孟子进一步阐发了这种德教主义传统。"善政不如善教之得民也。善政民畏之，善教民爱之。善政得民财，善教得民心。"汉代贾谊也说："礼者禁于将然之前，而法者禁于已然之后。"他们从不同角度论证德教为立国之本，儒家的观点为汉武帝所肯定。这也是汉王朝独尊儒术的原因之一。

（五）由义及仁——人格完美的正确道路

"仁，人之安宅也；义，人之正路也。旷安宅而弗居，舍正路而不由，哀哉！"孟子告诫人们：仁，是人们最安逸的住所；义，是人们最正确的道路，空着最安逸的住所不住，抛开最正确的道路不走，可悲啊！在儒家那里，"仁"不仅是一种社会政治思想和最高的道德规范，也是理想人格的核心内容，是完善人格的最高境界。"义"则是通向"仁"的正确道路。孔子反对"言不及义"，主张"见利思义"，提倡"见义勇为"。孟子提倡先义后利，以义统利，在二者不可得兼时应"舍生取义"。以道义为人的根本特点和价值取向，是中华民族道德精神的精髓。

第二节　中华优秀传统文化颂扬的民族精神

伟大的中华民族，以美妙多姿的山河、博大精深的文化、源远流长的历史，养育了一代又一代优秀子孙。中华儿女对哺育了自己的整个民族怀着深沉的依恋、由衷的敬爱，并且为了祖国的独立富强、民族的繁荣昌盛，一代一代地继志续事，前赴后继。由此形成了一种无形而有力的民族精神、民族气节，它如同血脉般贯通在祖国历史中，渗透在民族生活里。

年青一代只有了解自己国家和民族艰辛创业求发展、抗暴御侮求生存的历史，认识我们民族在这一历史进程中所形成的优秀传统文化所颂扬的民族精神和气节，才能形成强烈的爱国意识，并将这种意识转化为自觉报国的行动。

一、不屈不挠、艰苦创业，对国家民族讲求奉献与忠诚

我国是一个历史悠久的文明古国。在历史发展的长河中，中国人民经过几千年艰苦勤奋和充满智慧的劳动斗争，创造了中华民族辉煌灿烂的文明，使中国成为世界历史上文化发达最早的国家之一，并且在长时期内居于世界之前列，对东方以至世界的文化产生了深远的影响。

（一）艰苦创业，为国家、民族无私奉献

自古以来，我们的人民，或殚精竭虑为救国救民谋划国策，或激扬文字以促世人猛醒，或投笔从戎以纾国难，或致力于改革以除陈弊。每一个真正的中国人都艰苦探索，关心、促进国家社会的进步与发展。

相传在帝尧时代，经常暴雨肆虐、洪水泛滥，人民颠沛流离，难以为生。禹继承父业，领导人民起来治水，一心一意扑在事业上，曾三过家门而不入，终于变水患为水利。人们为纪念他的治水之功，尊称他为大禹，即伟大的禹。

正是由于我们民族这种不屈不挠的艰苦创业，才使得历史上盛世迭出。巨大的建筑总是一木一石叠起来的。正是由于一个又一个、一代又一代人的艰苦创业，为国奉献，才有我们国家民族如此辉煌的文明。

（二）不屈不挠，对国家民族竭尽忠诚

与竭诚奉献相联系的，便是对国家、对民族的忠诚。中华民族的成员对"父母之邦"有着非常特殊的感情，恋国情结源远流长。为了她，可以牺牲一切。甚至有些怀有雄才大略的人宁肯被害致死，也不肯背弃对祖国的爱。

屈原，生活在两千多年前战国时代的楚国。他怀才不遇，受守旧的贵族势力排挤，被放逐离开了国都。其时，许多有才华的人如在本国不能实现自己的抱负，就周游列国去寻

找知遇自己的君主，以求个人的发达。有人劝他，只要有荣华富贵，到哪国都一样。屈原愤然斥道："我生为楚国人，死为楚国鬼，绝不干朝秦暮楚的事。"他的《橘颂》以诗言志，表白自己对故国的忠诚，要像橘树一样扎根故土。后来当楚国都城被秦国侵凌而迫近危亡，他悲愤抑郁投江自尽。

汉朝时，苏武受命执节出使匈奴，为的是两国结好，却因变故被匈奴王单于扣留，并劝他投降。苏武决心不辱使命，以死报国，但被活捉了，单于把他单独放逐到荒无人烟的北海边去牧羊，给他一群公羊，说："等到公羊生出羊羔，就把你放回。"公羊怎能产羊羔？单于是要让苏武永远回不了祖国。苏武身处绝境，毫不气馁，他终日手持出使时带的节杖遥望祖国，期望有朝一日回归故里。怀着这样的信念，他在北海度过了 19 个寒暑。古曲《苏武牧羊》歌颂了他坚贞不屈、心系国家的精神："苏武留胡节不辱，雪地又冰天，苦忍十九年，渴饮雪，饥吞毡。牧羊北海边，心在汉社稷，旄落犹未还……"最后，苏武终于手持落尽旄毛的汉节回到京城长安，他去时是一个强壮的汉子，回来时已是鬓发斑白的老翁了。古代杰出的民族英雄文天祥，面对敌人威逼利诱，气节不改，浩然正气，被千古传诵。南宋末年，元军大举进犯，在国家处于危难之际文天祥受命为右丞相，担负起保卫国家、抵御外族入侵的重任，后来他在与元军作战中不幸被俘。1279 年被押解到大都（今北京）。狱中，他面南而坐，宣称"臣心一片磁针石，不指南方不肯休"。1283 年，他慷慨就义。他留下的"人生自古谁无死，留取丹心照汗青"的名句，一直是激励后人的千古绝唱。

正是在中华优秀传统文化颂扬的民族精神与气节的熏陶、感染下，忠于祖国成为中华儿女的第一共同语言。"为祖国出力"的奉献精神和忠诚之心，使许多留学生、学有专长的专家学者毅然放弃国外的荣誉和地位，回到祖国。

明知要经历艰苦的磨炼，却偏偏义无反顾地履行爱国义务的人们，体现的正是我们民族所颂扬的精神与气节。所有的爱国行动，都是既有深厚的感情积蓄，又有深刻的理性思考的自觉行动。这种深厚的感情和思想基础，使中华优秀儿女即便在遇到波折、遭受磨难时，也会初衷不改，始终不渝地为祖国、为民族尽职尽责。

为国竭诚奉献，把国家的安危兴盛、人民的疾苦幸福永存心中，这种精神与气节在许多方面都得以体现。千百年来，许多普普通通的人在普普通通的岗位上默默奉献，为国家民族的繁盛做出了自己的贡献。从诸葛亮的"鞠躬尽瘁，死而后已"到顾炎武的"国家兴亡，匹夫有责"，无一不是中华优秀传统文化颂扬的民族精神与气节的光辉体现。正因如此，中华文化才能有如黄河、长江奔腾不息。虽历经无数的战乱波折、不尽的天灾人祸、多少异族入侵、几多朝代更替，但是她依然屹立在世界的东方，今天更加充满勃勃生机。

二、反对分裂、维护团结统一，与国家民族生死与共

中国是一个统一的多民族国家。在漫长的历史岁月中，各民族间虽然也曾有过矛盾和冲突，但互相支持、互相融合则始终是主流。反对分裂，维护祖国统一和民族团结，是世世代代炎黄子孙的执着追求。为了祖国统一，许多人献出了生命；为了民族团结，许多人安家塞外大漠。

（一）天下为一，反对分裂

在中华民族历史上，秦皇汉武、唐宗宋祖，还有一代天骄成吉思汗，都是具有雄才大略，完成统一大业从而安定天下的古代著名君主。许多著名的民族英雄，如晋代的祖逖，宋代的范仲淹、岳飞、陆游、辛弃疾等，为实现国家统一，有的血染疆场、马革裹尸，有的至死念念不忘为国尽忠、救民水火。他们崇高的道德境界和爱国精神为后人所敬仰。没有祖国的统一，就没有蜚声世界的中华文明，就没有我们中华民族的长期独立自主和文化的连续不断。

（二）相互尊重，加强团结

民族团结是中华各族反对分裂、维护统一的坚实基础。共同的经济文化生活、共同的历史命运，使各族人民结成了相互依存、相互影响、共建家园、共抵外侮的密切关系，在历史上谱写了一曲曲民族团结之歌。

在我国历史上，主张民族团结，为民族团结做过贡献的人们，从来都在传统文化中占有一席之地，都会受到世界人民的歌颂。松赞干布和文成公主受到汉藏人民千年不衰的怀念和颂扬。王昭君出塞和亲的历史功绩，则受到历代文学家、音乐家的千古吟咏。首通西域，沟通汉朝和西域各族人民经济文化交流的张骞、重开"丝绸之路"的班超，也都被各族人民永远纪念，成为中华传统文化中颂扬的人物。

三、英勇斗争、反抗外来侵略，捍卫国家民族的尊严与荣誉

祖国的独立完整，是人民得以安定生活的根本保障。"覆巢之下，岂有完卵"，没有国家的安全，个人的一切利益便都无从谈起。蔡文姬是东汉末年文学家蔡邕的女儿，通晓诗书，颇有文采。蔡邕当时是个大官，完全有条件让女儿过一种养尊处优的生活，但是东汉末年天下大乱，国破而家亡，蔡文姬不得不从官府的深闺中出来逃难，不幸为匈奴所虏，流落塞外。由此可见，祖国领土的完整、主权的独立自主是人民生活安定的基本前提

条件。

从古至今，中华民族勇于抵御外来侵略、保卫祖国，形成了万众一心、同仇敌忾、一致对外的民族心理，形成了自强不息、顽强不屈的战斗精神。面对外来侵略，中华儿女表现出非凡的勇敢和壮烈的牺牲精神以及同敌人血战到底的气概。

第三节　中华优秀传统文化推崇的道德观念

中华民族是一个伟大的民族。自古以来，中华民族凭借勤奋的精神、刚毅的意志和杰出的才华，创造了光辉灿烂的中华文化，为世界的文明和人类的进步做出了重大的贡献。中华传统文化中优秀的道德思想和精神是中华民族宝贵精神财富的集中体现。在中华传统文化推崇的道德观念中，以国家、民族利益至上的利益观；重视道德自我完善的伦理观；立足长远发展的价值观；积极进取的人生观和重视修养践履，追求精神境界，向往理想人格的道德思想和精神，对中国社会的文明与进步产生了不可低估的作用。直到今天，我们仍然可以强烈地感受到中华民族优秀传统道德在我们社会中的深刻影响和巨大作用。

一、国家、民族利益至上的利益观

在中华几千年的历史进程中，逐渐形成了一种神圣不可侵犯的民族尊严，形成了中华民族独特的讲风骨、重气节的心理素质和国家、民族利益至上的利益观。

中华传统文化所推崇的道德观念中，一个非常重要的内容就是强调为社会、为民族、为国家的献身精神。中华民族优秀传统美德的其他内容正是从国家利益、社会利益、集体利益优先的原则出发的。

这种把国家、民族利益置于个人利益之上的利益观，之所以是中华民族优良传统道德规范，是因为这种道德规范是在中华民族的发展过程中，经过长期的社会实践中逐步形成和发展起来的。我们的祖先从游牧生活转为定居生活后，就开始逐渐产生了对乡土和部落中成员的热爱。随着民族国家的形成，这种简单的热爱之情就逐步发展成为民族意识和对祖国的爱。人们对祖国的深厚感情经过世代相传，不断加深，逐步升华为一种维护祖国利益、忠于祖国的坚定信念和行为准则，这就产生了爱国主义意识形态。爱国主义的意识形态形成之后，就在政治、法律和艺术等方面反映出来，并渗透到一切社会形态和上层建筑中，成为一种普遍的社会道德规范。这种道德规范经过千百年的完善，发展到今天，成为一种优秀的传统道德规范。

这种以爱国主义思想和感情为核心的道德规范，集中体现在四个方面：一是无限热爱祖国的物质和文化；二是无限热爱祖国人民；三是具有强烈的民族自信心和自尊心，维护祖国的尊严和声誉；四是同祖国同呼吸、共命运，有为祖国的独立富强而英勇献身的精神。这种国家民族利益至上的利益观，反映的是个人与国家的关系。它不仅是衡量人们道德觉悟的重要原则，而且是调整个人与国家民族关系的重要行为准则。这种道德规范，促使人们把自己的利害得失与国家民族的兴衰荣辱紧密地联系在一起，作为一种道德的力量，它依靠人们自觉地实行，通过人们的内心信念来起作用。同时，这种道德规范又可以通过社会舆论和风俗习惯来发挥作用。当社会舆论和风俗习惯强烈谴责某种不利于祖国的行为时，人们内心就能产生极端蔑视这种行为的道德意识；当社会舆论和风俗习惯赞扬某种爱国之举时，人们内心就会引起强烈的共鸣，学习、效仿这种行为，产生"杀身成仁，舍生取义"的英勇壮举。

推崇国家、民族利益至上的利益观作为调整个人与国家、民族之间关系的道德规范，要求人们把祖国、民族的利益置于高于一切的位置。当个人利益与整体利益、国家利益发生矛盾时，以个人利益服从集体利益、国家利益，必要时，甚至牺牲个人生命保全集体利益、国家民族利益。中华民族历来强调集体利益，以国家民族利益为重。贾谊主张，为国家利益"忘掉"一家利益，为"公家"利益"忘掉"个人利益，中国古代思想史中延续几千年的"义利之辩""理欲之辩"，虽说谁也没能驳倒谁，但自始至终占据儒家思想正统地位的是道义论，即"先义后利""重义轻利"。这种学说虽然隔断了义与人的实际利益的联系，有其局限性，但是它维护了道德义务的尊严，强调整体利益高于个人利益，在两者发生矛盾时必须维护前者牺牲后者。这对于唤起人们对国家、社会、民族的献身精神是起了积极作用的。它孕育并培养出了中国历史上一大批民族英雄的理想人格，激励着后世子孙为国献身。

正是这种优秀传统文化所推崇的国家民族利益至上的爱国主义利益观，激励中华民族历史上千千万万的优秀儿女"位卑未敢忘忧国"，时刻不忘"天下兴亡，匹夫有责"。中国古代知识分子以尽忠、报国、殉国来履行自己对祖国的责任。总之，正是这种家国一体的观念和对国家、民族的高度责任感，才使我们的国家和民族得以渡过一个又一个难关。这无疑是值得我们今天继续发扬光大的中华民族文化之魂。

二、推崇仁爱原则，提倡人伦价值的伦理观

（一）推崇仁爱原则

"仁"的思想是孔子最先提出来的。在春秋末期的社会大动荡时代，为维护统治阶级

的社会秩序，孔子第一个提出了"仁"的学说，以仁作为调整人与人之间关系的总则。在《论语》中，孔子针对不同的对象，从不同角度，反复论述"仁"的就有 58 章，提到"仁"字的就有 105 次之多。其含义具体可理解为以下内容：

1. 克己复礼为仁

孔子说："克己复礼为仁。一日克己复礼，天下归仁焉。"（《颜渊》）"克己"是约束自己，"复礼"是将不合礼的言行纳入礼的规范。这句话的意思是说，一个人若能做到约束自己，使自己符合礼的原则，就是仁，一旦能做到这一点，天下的人都会公认他做到了"仁"。克己是复礼的基本条件，而"仁"的具体标准是复礼，即要求人们在视、听、言、行等具体行动中不要超越礼的范围，这才是"仁"。因此，真正处于核心地位的是仁，而不是礼，礼是"仁"的具体标准。

2. "孝悌"为"仁之本"

孔子提倡"孝悌"，目的是把他的思想核心"仁"的实现，落实到"孝悌"的行为中。"孝"是指后辈对前辈说的，以维系宗族纵的关系。"悌"是指平辈中弟弟对兄长要尊敬，以维系宗族横的关系。他说："君子笃于亲，则民兴于仁；故旧不遗，则民不偷。"在孔子看来，只要在上位的人能用深厚的感情对待亲族，老百姓就会走向仁德；在上位的人不遗弃老同事、老朋友，老百姓也就会厚道了。这样的行为，就是做人的出发点，就是仁道的根本。

3. 仁者"爱人"

孔子在回答学生问仁时说："爱人。"（《颜渊》）孔子提倡的"爱人"，是处理人与人关系的道德准则，它指的是统治阶级宗族内部的爱，在此基础上延伸，扩及全社会，所以也包括统治者对被统治阶级中的庶民乃至奴隶的"爱"。当然孔子讲的"爱人"是"有等差"的，即必须按照自己的等级名分去"爱"，不能超越"礼"而"过其所爱"。同时，"爱人"又有不同的形式：表现在爱父母方面是"孝"；表现在爱兄弟方面是"悌"；表现在爱朋友方面是"信"；表现在爱民族，国家方面是"忠"；等等。当奴隶制瓦解的时代，孔子提出"仁者爱人"，无疑是一大进步，客观上是支持奴隶的解放，有助于产生新的生产关系的，它是地主阶级兴起和奴隶解放潮流的反映，是"重民""爱民"思想的表现。这在当时具有较大的理论和实践意义。

（二）提倡人伦价值

中华民族传统美德的一个重要方面，就是人伦美德。所谓"人伦"，在封建社会是指人与人之间的关系中应当遵守的行为准则。自有人类以来，随着生产的发展和社会交往的扩大，人与人之间必然会产生一系列关系，在社会发展的不同历史阶段，人与人之间关系有继承又不完全沿袭。一般来讲，建立与当时社会发展相适应的人与人之间关系的目的，是希望能维护社会的稳定和达到社会和谐。中国长期处于封建社会，封建社会的生产关系和社会结构需要与之相适应的人际的伦常或纲纪，也就是要提倡人伦价值。

中国是最重人伦道德的国家，也是一个人情味特别浓厚的国家。中国封建社会的宗法家族制度和等级尊卑制度，使中国封建社会属于伦理-政治中心主义。天上地下，万事万物，天人合一，无非伦理二字。此理通于天，故有"天不变，道亦不变"，而所谓"道"，又重在伦理或政治。所以，当论及五伦中的君臣关系时，常比为父子；而当论及师生师徒关系时，比作父子。前者带有明显的政治倾向和时代烙印，后者则反映了人伦观念普遍为群众所接受，故"一日为师，终身为父"得以流传至今，常被人们引用。

中华民族重人伦价值，也是我们民族具有凝聚力的重要原因之一。人伦思想作为伦理道德的一个重要组成部分，必然有其时代特征。一方面，封建社会的人伦思想是为封建制度服务的，核心就是要维护封建宗法家族制度和封建等级尊卑制度，这就使传统的人伦思想中不可避免地带有历史的痕迹。对此，我们必须批判地继承，注意剔除其封建糟粕。另一方面，传统的人伦思想又根植于人民群众之中，在其形成与发展过程中，一定程度上反映了人民群众的合理愿望和对理想人格的追求，也吸收了历代知识分子思想中的精华，尤其是人民群众在实践人伦思想的过程中形成的不少内容，逐步形成了中华民族传统的人伦美德。这些美德世代相传，在今天的社会条件下，仍有其积极的意义。这不但需要我们认真继承，而且还需要我们在新形势下去发展和补充新的内容。

三、向往理想人格的精神境界

在中华民族的传统文化中，重视道德的自我修养，追求崇高的精神境界，被先辈看作人生诸种需要中最高层次的需要。这种对"道""义""仁"的追求，直至对理想人生境界的向往，超过了对衣食前程、生死安危的关注，"朝闻道夕死可矣"，为了某种理想目标，宁愿"舍生取义""杀身成仁"。当这种理想目标与国家兴亡、民族富强相联系时，便成了人们无私奉献、爱国爱民的精神支柱。"先天下之忧而忧，后天下之乐而乐"的范仲淹，"人生自古谁无死，留取丹心照汗青"的文天祥，"不为五斗米折腰"的陶渊明，还有无数的圣哲先贤，正是这种理想人格的追求者和实践者。他们抱定理想目标，"富贵不能淫，贫贱不能移，威武不能屈"，甚至"宁为玉碎，不为瓦全"，表现出浩然正气，从而使向往理想人格这一道德要求成为中华民族传统美德中的又一个重要方面。

（一）"舍生取义""杀身成仁"的人生境界

中华民族传统美德中，一贯重视道德修养，推崇仁爱原则，并把这种理想人格置于较高的地位。在《论语》中，仁字出现了105次，礼字出现了75次，足见孔子对仁爱原则、对道德修养的重视。对于仁德修养，孔子提出了许多重要的思想，如"为仁由己"，强调道德自觉；要立志，"吾十有五而志于学"；要"求诸己"，从自己做起；要自省，"见贤思齐焉，见不贤而内自省也"；要力行，"君子耻其言而过其行"；要改过，"过则勿惮改"，"过而不改是谓过矣"。孔子不仅把仁德作为个人修养的核心，强调要弘扬仁道。他说："士不可以不弘毅，任重而道远。仁以为己任，不亦重乎？死而后已，不亦远乎？""仁以为己任"，就是要把弘扬仁道作为己任。这不仅是个人的道德修养，而且是为理想社会而奋斗，这是人生最高的境界，是人生价值之所在，必须奋斗终生，死而后已。当个人的自然存在与道德原则发生冲突而不能两全的时候，应该舍弃生命以维护理想的道德原则和成全仁道。他说："志士仁人，无求生以害仁，有杀身以成仁。"仁德的修养，个人的人格，比生命的价值更重要。因此，志士仁人决不能为"不义而富且贵"的物质享受所诱惑，也不能为"一箪食，一瓢饮"的贫困生活所动摇，更不能在死亡的威胁面前，为求生而害人。这样才能真正实现人生的价值。纵观孔子一生，虽四处奔波，到处碰壁，但他推崇仁德的理想始终没有动摇，从而体现出一个历史人物的伟大人格。

（二）"富贵不能淫，贫贱不能移，威武不能屈"

为理想中的道德原则"成仁"与"取义"，要有视死如归的勇气。孟子以为这不是一蹴而就的。于是他提出"养浩然之气"的主张："我知言，我善养浩然之气，……其为气也，至大至刚，以直养而无害，则塞于天地之间。其为气也，配义与道；无是，馁也。是集义所生者，非义袭而取之也。行有不慊于心，则馁也。"孟子以为他有两个专长：一个是"知言"，即善于对他认为是错误的言论进行分析，抓住它们的弱点进行批驳；另一个是"养浩然之气"。这里的气不是指客观存在的一种物质，而是指一种精神或心理状态，类似我们通常讲的"勇气"，是指表现于肉体活动或实际行动中的精神力量。这种浩然之气一旦养成，即自然外化为实际行动，它可以使人立于天地之间而无所愧行，无所畏惧，这就是所谓"至大至刚"。当民族和国家的利益要求个人做出自我牺牲时，就能自觉以身殉道，杀身成仁，舍生取义，这样的理想人格范型就是孟子所说，对后世影响极大的"富贵不能淫，贫贱不能移，威武不能屈"的"大丈夫"。

孟子所推崇的"浩然之气"并不是一般的意气，是宏大刚强的气概，是神圣不可侵犯的凛然之气，是博大无极的豪气。作为豪壮刚强的气势，它必须有承载的主体，这个主体就是"大丈夫"。他曾说："居天下之广居，立天下之正位，行天下之大道；得志，与民由之；不得志，独行其道。富贵不能淫，贫贱不能移，威武不能屈，此之谓'大丈夫'。"有个叫景春的人对孟子说，公孙衍、张仪这样的人难道不算大丈夫吗？他们"一怒而诸侯惧，安居而天下息"〔《孟子·滕文公》（下）〕。孟子没有同意景春的说法，显然以为这是从外在的气势来说明大丈夫的特征，而没指出大丈夫的豪气在于内在的道德源泉这一动力。大丈夫住在天下最宽广的住宅（仁），站在天下最正确的位置（礼），走着天下最光明的大路（义），得志时偕同百姓循大道前进，不得志时也坚持自己的原则，富贵、贫贱、威武等外在的压力都不能改变个人的志节，这才是真正的大丈夫。这里涉及了"志"与"气"的关系："夫志，气之帅也；气，体之充也。夫志至焉，气次焉；故曰：'持其志，无暴其气'。"意志是主宰，坚强的意志能使人浑身充满豪勇之气。所以，孟子要求既要坚持行义的志向，又要不损伤自己的豪勇之气，此即"持其志，无暴其气"。孟子在造就理想人格的理论上，很强调意志的作用，他说："君子之志于道也，不成章不达。"这就是说，对于道的学习，要求每一步都有显著的成绩，而在这一过程中必须始终不渝地发挥意志力的能动性，克服困难，进而在艰苦的环境中，"苦其心志，劳其筋骨，饿其体肤，空乏其身，行拂乱其所为"，视逆境为锻炼与造就自己的大好机会。

事实上，孟子本人便蓄志要成为大丈夫的人格形象。这种大丈夫的本色集中体现在他的游说生涯中。其铢视轩冕、尘视金玉的气度，使他在与诸侯的周旋中，折射出啸傲诸侯的人格气势，身体力行地践履了自己的"富贵不能淫，贫贱不能移，威武不能屈"的主张。这种以主体人格的崇高去压倒对手的威严，是由于孟子自信真理在手，道德原则内蕴在心，"仁人无敌于天下""辅世长民莫如德"。对不按照礼的规定而召见大臣的诸侯，他主张"非其招而不往"。他强调诸侯应该礼贤下士。历史上管仲尚且不愿被君王召唤，更何况我这样连管仲都不愿做的英才（"管仲且犹不可召，而况不为管仲者乎？"）。支持他这样做的，不是他和诸侯之间的赌气式的抗衡，而是随时准备为正义事业、为维护道德理想的自我牺牲精神："志士不忘在沟壑，勇士不忘丧其元。"

孟子以后，"富贵不能淫，贫贱不能移，威武不能屈"的理想人格的内涵有了一些变化。一是沿着舍生取义的方向，以浩然正气为自己的寄托，孕育和造就了垂训后世的重义仁君、民族英雄、革命志士。二是为道德原则理想而献身的自我牺牲精神，成为有雄心壮志者的座右铭。后者又表现出两方面的特点：第一，扬声留名的建功气概与不甘雌伏的奋发精神；第二，兼济天下的社会使命感与维护自身气节的责任感。

孟子所倡导的"养浩然之气"以及由此产生的不甘雌伏的奋发精神，建功立名的进取气概，兼济天下的社会使命感与不降志辱身的气节，在历史上起到了振奋民族精神的积极作用。

（三）"宁为玉碎，不为瓦全"——理想人格的追求与实践

如果说，与后世相比，先秦儒家更多地致力于理想人格的理论建构的话，后世受大丈夫人格意识影响的儒生，则更多地致力于实践的努力。杀身成仁，舍生取义，养浩然之气，为儒家一贯信奉的人格意识。在中华传统文化里，表现为两方面：当外族入侵、民族矛盾成为主要矛盾时，它就演化为爱国主义精神，在这方面，岳飞、文天祥、陈天华等民族英雄当为代表；当民族矛盾缓和，而邪恶势力当道时，正直之士不屈服压力，坚持气节，伸张正义，百折不挠而为后世誉美，就这方面而言，明东林党人堪称楷模。

四、积极进取的人生态度

在中国文化思想史上，思想家们对人生问题各抒己见，留下了宝贵的文化遗产。从不同的人生体验中，表现出一种积极进取的人生态度。

（一）对人生问题的探索源远流长

早在殷商、西周时期，已经出现了一些带有人生哲理的概念和思想，但尚没有形成完整的理论。春秋战国时期，随着社会政治、经济的发展和人们认识水平的提高，古代思想家对人生哲学的研究，开始进入了理想化的阶段。儒家人生哲学的创始人是孔子，他的人生哲学思想的核心是"仁"，认为人生的最高理想是行仁，并立志以仁修身济世。为了实现仁，"死而后已，不亦乐乎"，可以不惜牺牲自己。仁在这里表现为一种献身精神和理性的历史责任。这一思想对塑造中华民族的精神风貌起着积极的作用。在人生态度上，孔子特别强调不应计较个人的得失与享受。他认为："不义而富且贵，于我如浮云。"他还认为一个人为了自己的人生理想，就要敢于"知其不可为而为之"，采取和提倡一种积极进取的人生态度。孟子把"仁"和"义"结合起来，作为人生哲学的核心，提倡五伦，主张性善论，认为人天生具有"恻隐之心""羞恶之心""恭敬之心""是非之心"四种善端，认为"圣人"和普通人都能做到，"圣人与我同类者"，"舜人也，我亦人也"，既然都是人，就都有共同的人性，舜能做到的事，普通人只要努力，也能做到。这充分体现了孟子所倡导的是一种积极进取的人生态度。荀子以"性恶论"出发，认为人的本性就是好利恶害，优秀品质是后天教育和环境影响造就的。他主张，"礼者，人道之极也"，是人生的法度和纲纪。荀子还提出了"积善成德"的人生命题，认为只要有恒心，一点一滴地积累和

争取，如同不间断地走路可以行千里一样，日久天长，习惯成自然，便可以达到圣人的程度。这一思想是中国古代人生哲学的精华之一，从中体现出来的积极进取的人生态度，直到今天仍然能启发和激励人们的奋斗之志。

（二）宋元的理想与反理学

经过宋元时期的程（程颢、程颐）朱（朱熹）理学后，"存天理，灭人欲"的人生哲学起了禁锢人民思想，延缓社会历史发展的反动作用。后起的陈亮、叶适的人生哲学，从兼营商业的中小地主阶级的立场出发，针对程朱理学，主张重视实际利益和实际功效，反对空谈义理、鄙薄功利的风气。他们主张要认真解决当时人民的物质欲求问题。陈亮提出"务实"的口号，认为一个人的才能和德行，都离不开实事实功，呼吁人们关心国计民生，培养于国于民有用的"各务其实"的人才。陈亮还提出，"除天下之患，安天下之民，皆吾之责也"，认为人生的理想人格是做一个"有救时之志，除乱之功"的英雄。在当时南宋萎靡积弱的社会状况下，这一思想，无疑是有积极意义的。叶适也强调"修身以致治"，认为人生修养的目的，是为了平治天下，"立志不存在于当世，虽仁无益也"。他还认为，国家的治乱存亡，完全在于人事。人应当"奉天"，即顺应自然规律，做主观努力；而不应"责天"，废弃自己的努力，消极地适应天。人格的完善，只有在实事实功中才能实现。总之，强调无论是人生目的，还是人生理想，都必须在实际事功中检验其真伪善恶从而评定其价值。这一思想在中国封建社会里是很不容易的。从中体现了一种积极进取的人生态度和进步的人生思想。虽然他们讲的人生之道，并未脱离三纲五常的范围，但对于宋明理学的禁欲消极论者来说，无疑是有进步意义的。

（三）王夫之追求的人生态度

明末清初的思想家王夫之明确提出"以身任天下"的人生哲学。他从"天与人""生与义""志与节"三方面，阐述了激进的"以身任天下"的人生观。首先，他提出"天"是自然界及其规律，人不能"强天以从人"，应该根据自然提供的条件，遵循自然规律办事。但是，"天无为"，"人有为"，"任天而为，无以为人"。其次，王夫之认为，人必须"珍生"，如果轻视自己的生命，就无人生理想可言，人生就无意义。但"生"固然重要，"义"更加重要，生命不体现人生目的，就没有价值，为了人生理想的实现，要勇于"生可舍"。最后，王夫之强调志和节在人生中的意义。他说："人之所以异于禽兽者，唯志而已。"他指出，一个人应依据历史发展的必然趋势，努力"趋时更新"，抱定"以身任天下"的人生目的，"不为世所颠倒"，做到"宠不惊，辱不屈"，"生死当前而不变"，矢志不渝地为人生目标去奋斗。王夫之的人生哲学思想，重视人的地位和价值，提倡人生进取精神，是具有民主色彩的进步的人生观。

五、重视道德的自我修养，强调道德主体的能动作用

（一）讲德行，重修养

中国传统文化实质上是一种道德文化，传统道德构成了中国文化的主体和核心。中国传统道德体系中，讲德行、重修养的儒家道德体系处于核心和主体的地位。

从理论上说，儒家的性主要由良心、良知与良能三者构成。其中，良心是情感，即在血缘情感基础上经过漫长的社会实践发展而形成的道德情感；良知为理性，即在血缘关系基础上形成的社会生活的理性，也就是君贤臣忠、父慈子孝、兄友弟恭等一整套的人伦原则；良能是指个人道德行为，强调个人的道德行为必须符合社会要求，"见父自然知孝"，"见孺子入井自然知恻隐"。德行既是一种人文情感，又升华、外化为一种情操。儒家道德的特征和功用就是通过修养怡性，改变个人，以适应、维护社会的正常秩序。其主要运作机制是建立在重视道德的自我修养上，个人首先通过学习增强自我约束力，成为合格的家庭成员，进而成为合格的社会成员。儒家把整个国家看成一个"家"，所以，合格的家庭成员才是基本的道德伦理角色。家庭成员—社会成员—国家公民，构成儒家的道德修养评价的统一对象。

道德作为上层建筑的一个重要组成部分和意识形态的一种特殊形式，有其自身的相对独立性。人们对道德修养的理解，除了社会条件的制约外，还有一个重要的方面，那就是道德的主观能动作用。儒家道德观认为"人皆可以为尧舜"。在他们看来，仁义的观念是每个人本身就具有的，只要本人能致力于道德修养、潜心克服人性中邪恶的劣根性，任何人都可以成为圣人。如孟子对梁惠王说：人皆有不忍之心，将此心发扬光大，如同折枝一样容易。认为不能做到不是做不到，而是不努力去争取做到。在中国传统的道德思想体系中最普遍和最基本的特点就是几乎所有的道德学家都强调道德修养和主观努力。其次就是强调道德的主体能动性。他们认为"知行并进"，提出，"知是行之始，行是知之成"，得出"知行合一"的认识。这就是"知之真切笃实处便是行"的朴实简单的道理。这阐明了儒家道德精神的内涵：一是主张自我修养，达到适应社会要求、国家的需要；二是强调主体的能动作用，通过自身的努力和潜心修行，即可达到圆满的道德修身结果。

（二）强调道德的主体能动作用

1. 孔子提倡"修身""克己"

孔子的道德观鲜明地表现了儒家道德学说的特色，他对"道"和"德"分别做了阐述，认为应"志于道，依于德"。他这里的"道"，在道德伦理学上，是指行为的规范和准则，肯定人的生活应是"守道""适道"；强调人们只有遵循一定的规范和准则，才能成为有道德的君子。"德"是指个人的品德和精神风貌。孔子认为，德是靠内部修养来形成的符合社会需要的崇高品德和健康的精神面貌。孔子认为，一个有道德的君子必须要具备两方面的条件：一是适道；二是修德。有道德的人，一方面，要立志学习和遵循社会规范；另一方面，要有遵循社会规范的道德情操，两者都是成为君子必备的条件。孔子认为，只有通过"修身""克己"的心性修养和内心锻炼，才能达到君子的道德境界。"自天子以至于庶人，壹是皆以修身为本"，强调了修身是成为君子的前提。孔子认为："苟正其身矣，于从政乎何有？不能正其身，如正人何？"这种正人先正己，治人先修己的道德要求，在《大学》里被系统化为"格致诚正"和"修齐治平"的儒家修身学说。作为一种传统道德修养学说，"修身"强调道德主体的自我修养和表率原则。

在儒家道德中，强调修身为本。格物、致知、诚意和正心是修身的方法，而齐家、治国、平天下则是君子修身的必然结果。因此，修身体现了封建社会文化的基本特征和价值标准。修身在孔子的道德观中占有重要地位，这是由孔子开创的儒家道德体系结构中的良知系统决定的。在良知系统中把道德主体分为"心"和"身"的二重结构，其中，"心"是道德的主体，而"身"是"心"的载体，是指人的欲望的集合体，"身"被"心"所控制和约束，"心"必须在"身"上实现。因此，"身"必须修炼，克服自身欲望中的弱点，剔除个人欲望中非道德的成分，才能使"心"的向善之性得到发扬光大。

孔子提倡的"克己"，是一种道德修养的方法，也是一种认识自己，克服自己思想意识、人伦欲望、行为规范中不符合社会要求的思想行为过程。孔子说的"克己"并非禁欲和苦行的意思，更不是将个人的情感、意志与创造兴趣都克制住，而是指个人在道德品质的培养和锻炼中，化己为群、化私为公，不损人利己，能为世人的利益奉献牺牲，换句话说就是将人生的目的，由小我转变到大我，由利己转为利人，由为私转变到为公。

孔子提出道德意识的树立和自我修养的方法有三条：学、思、行。学，主要是指学习礼的知识。孔子说，"不学礼，无以立"（《季氏》）。孔子认为平凡的人生来具有追求良好道德品质的愿望，但是如果不向古籍中学习礼的知识，那么向善之心则会被埋没。他说，"吾非生而知之者，好古，敏以求之者也"（《述而》），说的就是继承传统，向古人学习加强自身修养的道理。孔子还强调要向社会学习具体的知识，增长见识，提高道德修养。《阳货》中提出了"六蔽"——"好仁不好学，其蔽也愚；好知不好学，其蔽也荡；好信不好学，其蔽也贼；好直不好学，其蔽也绞；好勇不好学，其蔽也乱；好则不好学，其蔽也狂"。孔子认为，不学习礼节礼貌和古代圣贤的事迹言论，忠、孝、悌各种人伦意识就会发生流蔽；不向社会学习，加强自身修养的意识，智、仁、勇等道德思想就会产生各种混乱。这就如同爱亲人要懂得爱亲人的常识，爱君要懂得尊君的知识，不然就会成为痴孝、愚忠。只有学习各方面的知识，才能达到修身和提高道德境界的目的。

思即思考、反省。《论语》中讲"思"的章节很多，孔子说"君子有九思"，观思明、听思聪、色思温、貌思恭、言思忠、事思敬、疑思问、忿思难、见得思义。（《季氏》）这几句话针对自我道德修养来说，就是自己要用思考和反省来检查言行是否符合道德要求。孔子认为每个人的道德修养包括两方面的内容：一是感性方面的内容（学）；二是理想方面的内容（思）。"思"是理性的活动，这种理性活动的作用体现在两方面：一是当本人发觉了自己的言行不符合或者违背了社会道德规范，就要立即改正过来；一是当检查自己的言行是符合社会道德标准的，就要有勇气坚持下去。孔子认为，学和思不能偏废。因为"学而不思则罔，思而不学则殆"（《为政》）。强调学能使思更丰富、更明确，思能使学得到升华。"博学而笃志，切问而近思，仁在其中矣。"（《子张》）阐明了思学结合才能使自己成为道德的人和适合社会需要的人。

行，是指和言论相对的行为或指对道德规范和标准实行、履行。孔子这样说："君子耻其言而过其行。"（《宪问》）强调有道德修养的人应该做到言行一致，而不能言过其实。只说不做的行为是可耻的，是君子不能为的事。他又说："文，莫吾犹人也。躬行君子，则吾未之有得。"（《述而》）这里所讲的"躬行"即身体力行，也指道德生活中的实践活动。一个人的道德品质是否高尚，不能仅凭他的言论，重要的是要看他的实际行动。他还把"躬行"作为教育学生的必修科目，认为一个有良好道德的人，不仅思想意识要符合道德准则，而且在社会生活中要把这种意识转化为行动。"始吾于人也，听其言而信其行；今吾于人也，听其言而观其行。"（《论语·公冶长篇》）他认为，这是不容易做到的，比学习知识、掌握礼节要难得多。因此，每个想成为有良好道德风尚的人必须经常克服困难，勉励自己用行动来提高道德境界。

2. 孟子提倡"见贤思齐，见不贤而内省"《论语十二章》

孟子把人后天道德修养的主观努力，看作提高人的道德品质的关键。他的道德理想，在于教人培养起正义感、责任感以及同逆境进行斗争的精神。这些思想强调了道德主体的能动作用。特别是他继续提倡孔子的"见贤思齐，见不贤而内自省也"（《论语·里仁》)，更说明人的后天道德修养对于树立良好的道德品质的重要性。他认为"仁、义"虽然是人的本性中具有的"善端"，但只是向善的萌芽，而人们的实际道德水平，要看他保持和发展这种"善性"的程度。人们尽自己最大的努力，刻苦修炼，积极向品德和才识比自己高的人学习，善于吸收、采纳别人的长处，把向善的萌芽发展成为"善德"，就一定能够成为道德修养很高的君子。正是由于人的主观努力和能动学习，才会具有高尚道德。

孟子把人的"善端"发展成"善德"看作如同人工种植大麦、培育农作物一样。人工种大麦，掌握时节、耕作手段和自然土质等条件都是一样，但收获的数量有多少之分，其原因在于"人事之不齐也"。同样，人的"善端"相同，而经过后天的社会生活磨炼之后，道德却有高低之分，则是由于人的"养"与"不养"，"思齐"与"不思齐"所致。"苟得其养，无物不长；苟失其养，无物不消"〔《告子》(上)〕。这告诉人们，善与不善，既要从人的主观方面找原因，更需要从现实生活中的现象和形形色色的人的相互影响中去找原因。这种认识强调了人的主观努力是人的道德发展和提高道德水平的重要途径，是发展人的道德的先决条件。

孟子还认识到道德意识的相互影响及其潜移默化的作用。对于人与人的接触影响道德发展问题，孟子说："子服尧之服，诵尧之言，行尧之行，是尧而已矣。子服桀之服，诵桀之言，行桀之行，是桀而已矣。"〔《告子》(下)〕就是说，人与尧一样的人交往，能学到与尧一样的高尚品德；与桀一样的人接触，便会受到与桀一样的不良品德的影响，对于客观物质生活对道德发展的影响问题，他指出，丰衣足食造成年轻人的懒惰，缺穿少吃使得年轻人铤而走险。基于这种认识，孟子主张"制民生产"和"仁政教论"，提倡用"见贤思齐，见不贤而内自省"的个人主观努力来克服物质生活带给人的不良影响，并强调改善物质生活水平，从外部促进人的善性发展，表现出朴素的唯物主义思想倾向。

孟子还认识到，符合社会规范的道德行为与不符合道德规范的思想常处于对立和斗争中，但有上进心的人应该"见不贤而内自省"，通过自我检查，思想斗争，认识"不善"的根源，采取闻善知过，闻善改过的态度，才能经常与自己错误思想做斗争，向善和贤学习，逐渐成为具有道德修养的人。孟子认为，"士不可以不弘毅"，有道德的人不仅要与自己意识中的不道德思想做斗争，还要同逆境做斗争。他认为很多优秀的道德品质是在与各种困难环境进行顽强斗争的条件下形成的。"穷不失义，达不离道"的见解，反映了人们不怕困难、认识和改造社会的勇气和信心，同时说明一个有良好道德品质的人，也应是一个富有进取心的人。

孟子把道德修养首先看成一个艰苦锻炼、逐渐积累的过程。认为在这一过程中既不能放任自流，又不能急于求成；主张在道德情操上充分发挥人的主观能动性，重视思想和行为的相互影响；并且要重视气节，不为生死利害所动。

3. 曾子要求"三省吾身"

道德修养的目的是要达到道德品质的不断完善，以适应社会现实的需要。曾子提倡的"吾日三省吾身"，就是倡导人要充分发挥自觉能动性在道德修养中的作用。

曾子说："吾日三省吾身，为人谋而不忠乎？与朋友交而不信乎？传不习乎？"意思说，我每天多次自己反省，替别人办事是否尽心竭力呢？与朋友相交往是否诚实守信呢？教师传授我的知识是否复习了？这是强调道德主体内心进行的评价活动。反省自己是件严肃的事情，作为社会主体，也是道德活动主体的人能经常认真地对自己的思想意识、行为活动进行反省，检查错误，发扬正确的思想，虽然他有这样那样的错误和不足，但能通过反省，不断改正，那他就是一个非凡的人。因为在他反省的过程中释放出社会人特有的光华。反省，既要反思自己的思想行为是否符合社会规范，达到提高道德修养境界的目的，还要认真思考道德对社会进步的推动作用，只有坚持这种反省，才能成为一个有道德的人，才能成为适应社会发展、合乎社会要求的人。反省还包括对现实生活中道德现象和道德行为的思考。只有明辨是非，才能决定取舍，只有对社会主流和本质有正确的认识，才能具有坚持正确的道德思想、正确的道德行为的信心和勇气。曾子的"三省吾身"的道德修养方法，提倡道德主体的修养和善于反省、善于思考的功夫。一个有志提高道德境界的人，在任何情况下都要严格要求自己，善于反省，敢于取舍，敢于坚持正确的思想，反对错误的行为。这不仅需要高度的自觉性，还要求要有坚强的毅力，持之以恒，严于解剖自己，不断给自己敲警钟，不断给自己提出更高的道德目标。

4. 王阳明倡导"知行合一"

王阳明继承了孟子的"良知"道德学说，提出"致良知"的道德修身学说，倡导"知行合一"的道德修养途径。"知行合一"是一个道德命题，王阳明讲的"知"，是指如何把握社会的道德观念和道德意识，"知如何而为温清之节，知如何而为奉养之宜者，所谓知也"（《传习录》）。而他所说的"行"，是指对社会道德观念和意识的认识和实践，"凡所谓行者，只是着实去做这件事，若着实做学、问、思、辨的功夫，则学、问、思、辨便是行矣"。"知行合一"这个命题的意思是说，知就是行，行就是知，知行统一于"良知"，"知是行之始，行是知之成"，"知之真实笃处即是行，行之明觉精察处即是知"。在这里，王阳明提倡认识道德思想、道德意识和道德行为的密切关系，特别强调"行"的作用，对加强社会主体的道德修养有积极的作用。

"知行合一"的道德修养观，其一强调了理论与实践即知与行的统一。重视道德理论上有所学习和发现，又重视实践环节，注意道德理论在社会实践中的运用和指导作用。我国古代就主张"言轻行重"，以为多说不如多做，既要听其言，又要观其行，但更重要的是观其行。简而言之，重知重行，言行一致，知行统一，这是中国道德传统中值得肯定的道德知行观。其二是注重道德理论的系统性和实用性，强调伦理对社会道德行为的指导作用。学习理论是重要的，学习系统的理论尤为重要，但学理论必须用来指导社会实践，通过社会实践来实现社会道德理想，达到社会道德理想的实现。学习理论，掌握系统的理论知识，重要的是用理论来指导实践，这是中国道德传统中的优秀遗产。其三是理论要联系实际，实践是检验真理的唯一标准，只有从社会生活的实际需要出发，通过反复实践得到的符合社会发展需要的道德理论，才能科学地指导人们树立崇高的道德思想。

道德修养是一个长期的思想磨炼过程。要树立崇高的理想、信念和高尚道德情操，就必须特别重视自我修养，发挥道德主体的主观能动性。这既是中华优秀传统文化中的道德精华，也是当前我国思想道德建设和现代化建设的需要。

第三章

中华优秀传统文化融入中学德育

第一节 "育责"德育活动课程

一、"育责"德育活动课程的构建

(一)"育责"德育活动课程内容体系

"育责"德育活动课程是在传统文化视域下设计的一套课程,旨在培养学生的社会责任感和道德品质。从对己负责、对人负责、对国负责等方面对学生进行全方位责任教育,通过多种形式和教学活动,让学生在实践中体验、感受,将责任意识内化到学生心中,落实到学生实际行动上,最终达到"润物无声"的效果,提升中学生中国底色价值观,落实"立德树人"的根本任务。具体课程内容体系如图3-1所示。

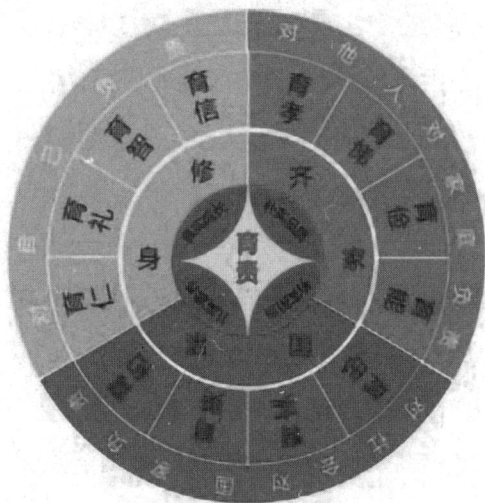

图3-1 "育责"德育活动课程内容体系

（二）建构活动序列

结合学校"做朴实教育，育责任少年"的办学理念及班级学生责任现状实际，课题组以传统文化责任伦理思想为指导，以活动为载体，构建三级三维的责任教育活动序列，构建中学"育责"德育活动课程。让学生在活动中感悟责任，接受观念，受到熏陶，让责任意识与生活同步，使责任教育鲜活闪亮，富有生机和魅力。

"育责"德育活动课程进行序列化活动设计依据中学生身心成长的阶段特征及认知发展规律，以一年为一个序列设计的时间周期，划分为三级，其中，七、八、九三个年级各为一级，并将"育责"德育主题活动课程目标根据不同年级细化为低、中、高三级目标。在同一目标指向下，七年级的目标为较低目标，是基础，八年级的目标在七年级的基础上有所提升，是中级目标，九年级是对整个目标的升华，为高级目标。

七年级：设计的活动序列为"修身"，自强不息的个人责任，是对家庭、社会、国家负责的基础。内容包括四项主题："育仁""育礼""育智""育信"。具体目标：踏实学习、诚信考试、懂规知责。依托日常行为规范教育、文明礼仪养成教育、诚信教育、法制教育等，提升学生实事求是、言出必行、自我负责的意识。

八年级：设计的活动序列为"齐家"，敬爱至恭、兄友弟恭的家庭责任，天下之本在国，国之本在家。内容包括四项主题："育孝""育悌""育俭""育能"。具体目标：以"感恩从肩负责任开始"为主题召开家长会，让学生学会感恩父母、感恩师情、感恩帮助过自己的所有人。依托走进养老院活动教育学生唯善而行，存善念、行善举、积善德，增强自律性，提升学生知规有责、知行合一的能力。

九年级：设计的活动序列为"治国"，以道自任、忧国忧民的国家责任；"平天下"，仁者爱人、重义轻利的社会责任。内容包括四项主题："育忠""育实""育美""育和"。具体目标：结合传诵经典，了解国情、了解家乡、关心时事，厚植家国情怀，培养学生守规担责意识；提升学生知行合一的能力。

"三维"是指对自己负责，对他人对家庭、对集体负责，对社会、对国家负责三大板块。每个维度的教育内容是分年段实施，是由浅入深、螺旋式推进的过程。

其中，自我责任教育是基础和根本。一个对自身都不负责的学生，就无从谈起对家庭、社会、国家负责。每个维度的活动内容是分年段实施，由浅入深、螺旋式推进的过程。

对自己负责：感受现实，确立目标，增强对自己前途负责的意识——就是对自己的学习、生活、生命负责。

对他人、对家庭、对集体负责：对他人负责，就是心中有他人，互相尊重、互相体谅、关心、帮助他人；对家庭负责，就是学会关心、关爱家人和亲戚，感恩、孝敬长辈，参与家庭管理，共同建设幸福家庭；对集体负责，就是热爱集体，为集体发展负责。

对社会、对国家负责：就是讲公德、守规则，关心家乡、国家的发展，爱党爱国爱人民，树立为国为民勤奋学习的志向；胸怀天下，热爱并保护大自然，关注人类的生存与发展，培养热爱地球村的情怀。

二、"育责"活动课程的实施

活动在实施时，以学年为基本单元，初中三个年级共三个单元。每一单元确定一个鲜明阶段活动主题和适切的活动目标。每周一节课，用两个月八课时完成一个主题课程，由浅入深、循序渐进。根据不同年龄、不同心理特点、不同教育要求做出安排，在有创意的亮点中生成序列，强化责任教育效果。具体实施如下。

（一）课程实施形式

七年级课程实施以校内教育活动为主，通过活动更好地认识自己。比如，组织好新生入学军训活动、养成教育活动等。八年级课程实施向校外教育活动延伸，从而更好地来认识社会。比如，开展黄河研学远足活动，清明节组织学生祭扫烈士陵园，重阳节组织志愿者到敬老院慰问孤寡老人等。九年级课程实施以校内校外结合教育为主，通过活动更好地进行人生规划。比如，开展毕业典礼等节礼课程。

（二）具体进度计划

传统文化视域下"育责"德育活动课程，每年级每周一节课，每节课安排一个责任主题。具体内容三个年级在实施时可结合实际进行补充（见表3-1）。

表3-1 "育责"活动课程教学进度安排表

学年	月份	内容	实施要求
七年级	9月	课程介绍与目标设定 新生入学军训活动 养成教育活动	1. 介绍"育责"教育主题活动的背景和目标 2. 从心理、行为上引导学生从小学到初中的过渡 3. 制定班级公约，培养学生良好的行为习惯
	10月	道德修养——经典诵读 "做有责任感的人" 主题班会 国庆演讲比赛	1. 学生朗读三篇经典著作并进行交流和分享 2. 让学生在活动中感悟社会责任，接受观念，受到熏陶，让责任意识与活动同步，提升学生的责任意识

学年	月份	内容		实施要求
七年级	11月		【育仁】	1. 学习传统文化中关于"仁爱"责任的经典著作和名言警句 2. 组织"仁爱之行"专题活动
	12月		【育礼】	1. 介绍基本礼仪和行为规范 2. 介绍正确的价值观和行为准则，让学生认识到自己的行为对他人和社会的影响
	2月	修身——对自己负责	【育智】 邀请返乡打工的家长介绍工作的辛苦	学习传统文化中关于"求知"的经典著作和名言警句 引导学生学会求知，对自己负责、对自己的前途负责，并立下自己的人生奋斗目标
	3月		以"立志勤学我的责任"为主题召开班会	结合现实事例开展主题讨论，谈感想等活动帮助学生从现实中去认识人生的意义，认识到责任对个人的重要性，从而确立自己人生的目标，并为实现自己的人生目标而奋斗
	4月		【育信】	传统文化中关于"信"的内涵和意义，让学生理解"信"在人生中的重要性
	5月		以"诚信"为主题召开班会	1. 在做人处世方面，结合现实事例引导学生要诚实做人，不隐瞒自己和他人的错误，不贪小便宜，拾金不昧，讲信用，说明诚实与虚假，守信与失信给自己、他人带来不同影响并进行分析和评价 2. 做到学业、思想、处世之中不弄虚作假，考试不作弊，通过自我教育，增强道德情感，提高道德责任素质
	6月 7月	公益服务活动		带领学生参与清洁公园，让他们学会团队合作、制订行动方案和执行计划，实践自己的环保理念

学年	月份	内容		实施要求
八年级	9月 10月	齐家——对家庭对集体负责	【育孝】 以"感恩从肩负责任开始" 为主题， 召开家长会	通过简单的故事、引言或视频片段，向学生介绍"孝"的基本含义和在中国文化中的重要地位。 与长辈对话，在对话中体悟对家庭负责。理解父母，尊重家人，主动承担家务，感受家庭的温馨祥和，树立为家庭负责的意识
	11月		【孝道教育】 ——拜访养老院	学生在教师的组织下前往附近的养老院，与老人互动交流，体验孝敬父母、尊敬长者的重要性，并且通过实践活动来感受传统文化中对孝道的强调
	12月 1月		【育悌】 悌的内涵、责任	1. 通过讲解古代经典和故事介绍悌的内涵和价值观 2. 组织学生进行角色扮演活动，让他们模拟不同的家庭情境，体验如何展现悌的精神
	2月 3月		【育俭】 勤俭的重要性、责任和价值观	1. 通过讲解传统文化中关于勤俭的典故、名言或者故事，使学生更好地理解和接受勤俭的内涵和价值观 2. 引导学生从日常生活中的细节出发，让他们亲身体验"勤俭"的实际意义并倡导养成垃圾分类的好习惯
	4月		【育能】 知行合一、责任担当	1. 引导学生理解传统文化注重知行合一的理念，认识到知识只有通过实际操作才能得以体现和应用 2. 通过实践来积累经验，培养学生的思维能力和创新意识
	5月	以"班级荣辱我的责任"为主题召开班会		1. 在分享集体荣誉中思考团队意识，坚定对集体负责的精神，培育对集体负责的品质 2. 通过活动提升学生知行合一的精神
	6月	活动竞赛与评选		组织体育文化节、艺术节、科技节以及各种演讲比赛、书法绘画比赛等等；同时定期开展"责任之星"评选活动

学年	月份	内容		实施要求
九年级	9月 10月		【育忠】 忠诚担当 家国情怀	1. 鼓励学生通过实际行动展现对社会的忠诚 2. 引导学生了解历史上的爱国英雄和模范人物，探讨他们的忠诚精神对国家和民族的影响
	11月 12月	治国——对社会对国家负责	【育实】 扎实的学习基础、 朴实的品德修养、 踏实的学习态度	1. 引导学生思考扎实、朴实、踏实教育的内涵和目标，进行小组讨论，让学生表达自己的观点和理解 2. 通过分析劳动模范事迹、组织实践活动等方式，培养学生勤劳务实、踏实肯干的工作态度和能力
	3月		【育美】 生态环保重要性、 公益活动常态化	1. 通过案例和实际生活中的示范，增强他们对环境问题的认识和理解 2. 强化学生要有劳动的责任意识和热爱学校，热爱家乡，报效祖国，放眼世界的责任
	4月		【环境保护】 （社团活动） ——植绿护绿活动	组织学生在校园、社区内开展植绿护绿活动，了解植绿护绿对于环境保护的重要性，培养学生的环保意识和责任感，并帮助他们理解传统文化中对自然的尊重和保护的理念
	5月		【育和】 以和为贵、 和而不同、 求同存异	1. 通过学习传统文化中关于和平的思想和价值观，如仁爱、宽容、友善等，让学生认识到和平的重要性，树立珍爱和平的理念 2. 引导学生尊重和包容不同文化背景的人，促进文化的交流与融合。总结求同存异在个人沟通和社会和谐中的作用
	6月		毕业典礼	指导学生做好人生规划，走向明天，将自我责任和社会责任融为一体

三、"育责"德育活动课程的多元评价

评价时应注重学生在活动中的参与意识、体验和经历，而不仅依赖传统的分数评定。可以采用定性和定量相结合的方式进行评价，同时注重对学生综合素质和品德的培养。

课题组紧扣"责任教育"核心，以活动为载体，研究制定了"14620"评价体系。其

中，"1"是一个主体，即"做朴实教育，育责任少年"；"4"是学校的"四实"育人目标，即将学生培养成"获真实成长，具朴实品质，有扎实素养，能务实担当"的"四实"责任型少年；"6"是人文底蕴、科学精神、学会学习、健康生活，责任担当、实践创新六个核心素养；"20"是根据不同年级学生特点制定的详细的养成标准和评价内容。"14620"评价体系，可分为"优秀、良好、合格、一般"四个等级，参与过程中坚持不懈，不旷课、材料准备齐全者可被评为"育责活动守恒星"，优秀者可评为"育责活动勤学星"，在学习过程中起到模范带头作用者可被评为"育责活动管理之星"，让"育责"教育落地生根。

综合考虑从以下四方面进行评定：

第一，学习态度和合作意识：评估学生在活动中的积极参与程度和表现，包括对活动内容的理解和运用、对团队合作的贡献等。通过观察记录、小组讨论、展示演示等方式进行评估。

第二，获得体验和认知能力：评估学生在活动中的个人成长和改进情况，包括在道德修养、社会责任、家庭责任等方面的自我认识和提升。通过学生自我反思、写作、作品展示等方式进行评估。

第三，项目成果和实践创新：评估学生在实践项目中的成果和实践效果，如社区福利机构参观、植树活动、拜访养老院等。通过学生的实践报告、项目展示、社区反馈等方式进行评估。

第四，学业水平方面：在"育责"活动中，涉及传统文化的学习和知识掌握，如经典著作朗读、国学经典阅读等。通过考试或者作业等方式评估学生在传统文化知识方面的学习成绩。具体的学生评价表（见表3-2）。

表3-2　学生评价表

姓名＿＿＿＿＿年级＿＿＿班＿＿＿＿学年度＿＿＿第＿＿＿学期

评价项目	评价要点	自我评价	小组评价	教师评价
学习态度	1. 按时认真参加每一次活动			
	2. 努力完成自己承担的任务			
	3. 主动提出自己的设想			
	4. 做好资料积累和处理工作			
合作意识	1. 乐于合作交流，尊重他人			
	2. 交流共享信息，共同探讨疑难问题			

评价项目	评价要点	自我评价	小组评价	教师评价
获得体验	1. 有一定的责任心			
	2. 能对自己进行"反思"			
	3. 不怕吃苦，勇于克服困难			
	4. 尊重他人的想法与成果			
信息处理	1. 能用多种途径获得信息			
	2. 能运用已有知识解决问题			
认知能力	1. 独立思考、自主学习，主动发现问题，提出问题，寻求解决问题的方法			
	2. 乐于研究，勤于动手			
	3. 发挥个性特长，施展才能			
实践创新	1. 善于观察、分析、思考，能提出创新的问题、观点或见解			
	2. 有强烈求知欲，能主动提出多种解决方案			
客观性资料收集和使用	1. 合理收集学习笔记、访谈记录、参考资料等			
	2. 整理统计数据、发言稿、照片、报告等			
成果发布	通过实践、作品鉴定、评比、汇报演出等形式展示			
成绩总评				

注，评价等级：优秀★★★良好★★合格★一般

学校每月对所有年级的学生进行一次全面综合评价。评价结果及时反馈给教师、学生和家长，并根据评价结果对学生未来发展提出意见，形成动态管理监督机制。

四、本课题的研究框架、重点难点

（一）研究框架

本课题共有四部分。

第一部分重点对选题依据、相关概念、思路进行分析和解释说明。

第二部分阐述"育责"德育活动课程的构建：通过三级三维"育责"活动序列化，构建活动课程。

第三部分重点论述"育责"德育活动课程的实施：分年段实施，是由浅入深、螺旋探究及多元化评价方法。

第四部分综合对"育责"德育活动课程设计与实施进行总结与展望。

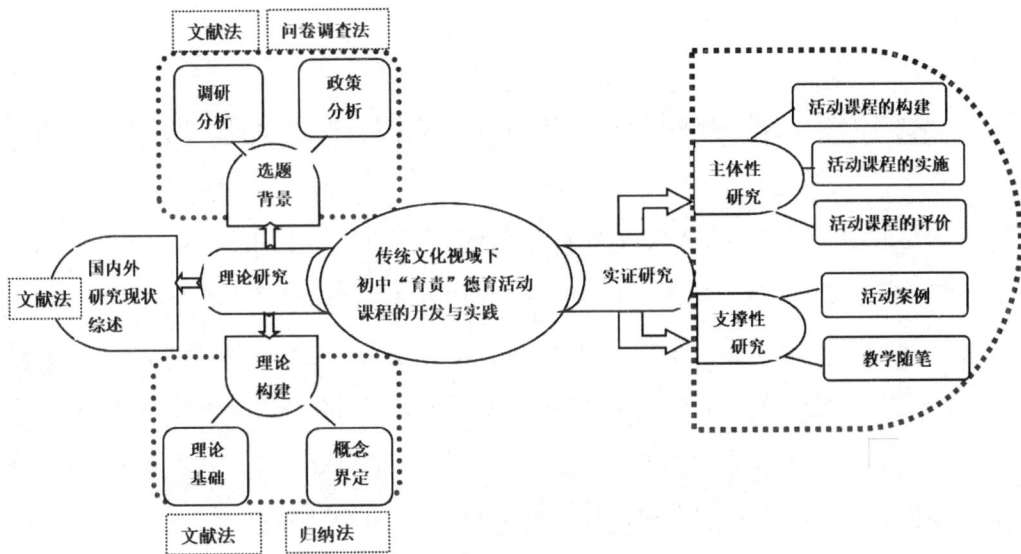

图 3-2 研究框架

（二）重点难点

重点：准确地找出学生责任教育现实问题，有针对性地进行"育责"德育活动课程设计。

难点：活动课程的实施，能否真正让活动课程发挥育人实效，让责任意识内化到学生心中，落实"立德树人"的根本任务。

五、研究主要目标

（一）增强中学生的责任教育，让责任与成长同行

通过"育责"德育活动的开展，对学生进行全方位责任教育，在传统文化的氛围中，让学生在实践中体验、感受，将责任意识内化到学生心中，落实到学生实际行动上，最终达到"润物无声"的效果，落实"立德树人"的根本任务，让责任与成长同行！

（二）为其他学校开展责任教育提供一种课程模式

通过对区域内初中"育责"德育活动的实践与研究，初步建立区域内开展责任教育的

活动课程，为学校实施责任教育，提高责任教育的针对性、实效性提供专业支持。在积极探索"育责"活动过程中，会逐渐呈现"育责"教研常规化、责任担当典型化的育人成效，让"育责"文化成为学校的主流文化，师生责任意识突出，责任行为普遍，为其他学校开展责任教育提供一种课程模式。

第二节　优秀传统文化走进校园与融入德育课堂

优秀传统文化走进中学校园是倡导国学传播的重要手段。中学阶段正处于人生观、价值观和世界观形成的初级阶段，在中学生中开展优秀传统文化教育，不但可以很好地传承中华优秀传统文化，还能提升中学生的文明素养，为他们的健康成长提供强有力的保障。那么，如何更好地让中华优秀传统文化走进中学校园，是摆在每一位中学教育工作者眼前的课题。我们要认识到对中学生进行优秀传统文化教育的积极意义，采取多种策略渗透优秀传统文化，努力把中学生培养成德智体美劳全面发展的新型人才。

一、中学德育课堂渗透优秀传统文化时效性

（一）保障德育课程的继承性

保障德育课程的继承性，是指教师通过以科学的否定观对传统文化内涵进行扬弃、继承，以及引导学生通过独立思考赋予传统文化德育内涵现代意义等方式，在中学课堂教学中合理地将传统文化精神内涵与德育的内容紧密地联系在一起，让学生在课堂教学中既能深入地了解传统文化内涵，又能在传统文化德育价值的辅助下深刻地理解现代德育的内容，从而有效提升自身的德育水平。

1. 在教学中糅合传统文化素材

在德育课程教学中，教师可以适当地利用传统文化内容丰富教学素材，合理设计教学内容，使学生在深入了解传统文化、继承传统文化内涵的过程中，对德育课程的教育内容产生文化认同感，自觉地接受德育的思想，进而提升德育水平。在中学德育课程中将传统文化内容作为教学素材，教师应注意传统文化内容与教学内容之间的联系性，选择切实符合课程内容的传统文化内容，设计好教学引入环节，保障传统文化素材在德育中的辅助作用，以提高学生的德育水平为根本目标，在提高学生继承能力的同时，切实保障学生德育水平的提升。

2. 批判继承传统文化内涵

随着社会的不断进步，传统文化思想内涵中的许多思想已不再适合当今的社会。因此，中学阶段的德育教师在保障德育课程继承性的同时，应始终以科学的否定观看待教学中所运用的传统文化素材，当好中学生学习中的筛选者；在教学设计阶段做好对传统文化内涵的"扬弃"工作，为学生的传统文化继承及德育水平的良好发展打下坚实的基础。在教学过程中，教师还应有意识地培养学生正确的传统文化继承方法，让学生在接受传统文化德育思想的同时，切实做到取其精华，去其糟粕，从而保障德育水平的有效提高。

3. 创新延续传统文化精神

在中学教育阶段，引导学生在德育课堂上对传统文化德育内容进行现代化的创新，赋予传统文化精神内涵新的活力与价值，是提高学生继承传统文化德育价值、深化学生理解德育内涵的有效手段。教师在中学德育中，应为学生创造良好的创新环境，让学生结合当今时代的社会情况，在保证传统文化内涵的基础上对传统文化的形式进行创新演绎。这种教学方式既能使学生思考如何在创新的过程中深入理解传统文化的内涵，保障德育课程的继承性，又能让学生在创新的过程中切实理解传统文化中所蕴含的德育价值，进而有效提高学生的德育水平。

（二）保障德育课程的时效性

中学教育阶段对学生进行德育，是为了让学生在未来走出校园，步入社会环境后能切实有效地利用课堂上所学到的德育理念处理社会关系，依靠与当今社会时代相贴合的德育水平更好地融入社会生活中，服务社会并奉献社会。为保障德育课程的时效性，教师应做到创设模拟生活活动情境，选取时事新闻教学素材，独立思考掌握德育内容，从而为学生的德育建设创造良好的课堂环境。

1. 创设生活情境

教师在中学德育中应用情境教学法为学生创设情境，让学生在情境中切身地感受社会生活中的德育知识应用方法，以直接理解的方式深化学生对德育知识的理解，进而提高学生对德育知识的实际应用能力，是保障德育课程时效性的有效手段。中学德育教师应充分发挥自身的引导作用，在课堂上为学生创设生活情境，并对学生的互动提出科学的评价及切实可行的优化方法，使学生切实掌握中学德育课程中所讲述的待人处事知识，切实做到学有所用，在步入社会后能利用德育知识服务社会、奉献社会。

2. 选取时事新闻，丰富教学素材

在中学德育工作中，教师可以充分利用时事新闻的时效性，提高对学生德育的时效

性。教材中的教学案例过于书面化且十分单一，教师若一味地引导学生对教材案例进行分析与德育学习，是不利于学生实际应用所学内容的。因此，笔者认为，教师应充分发挥当今互联网工具的便利性，时时对社会中的时事新闻进行关注，有选择地留存符合对学生进行德育的时事新闻，并将其运用到课堂教学中，让学生在贴合时代的新闻内容中不断地更新自己的德育观念、提高德育水平。

3. **独立思考掌握德育内容**

在中学阶段的德育中，为了保障班级中的每名学生都能切实地掌握德育理论，在学习过程中能够切实地得到自身德育水平的提高，教师应在课堂上更多地为学生留有独立思考的时间，让学生在自主分析的过程中对德育理念产生更多的认同感，自发地接受德育的洗礼，提高自身的德育水平。

教师在教学中应有意识地转变教学结构，尊重学生在学习中的主体地位，在课堂上为学生提供更多自主思考的时间，创造直观思考的条件。教师在学生自主思考的过程中，应充分发挥自身的指导职能，通过设置问题或自主探究任务等方式对学生进行引导，让学生在循序渐进的任务设计中充分利用课堂时间，在提高自主学习效率的同时，掌握正确的德育建设思考方法，进而提高自身的德育建设水平。

综上所述，教师只有保障中学德育课程的继承性与时效性，才能更好地引导学生掌握传统德育文化与现代德育思想之间的平衡。所以，在实际教学中，教师应采用多种措施让学生掌握德育在当今社会中的内涵与应用方法，帮助学生真正地找到不断提高自身德育水平的方向，使其不断完善自我综合素养，在步入社会后能很好地服务社会、奉献社会。

二、优秀传统文化走进中学校园的积极意义

（一）有利于中学生的健康成长

当前，国家加大基础教育设施建设，对中学校园基础设施投入力度较大。环顾中学校园，校舍的规划与布局越来越讲究，校园绿化更加美丽。在学校物质建设高速发展的背后，校园文化建设也有很大的提升空间，尤其是如对中华优秀传统文化的传承应大大提升。有些学校教育注重教材上的知识的讲授，忽视了对中华优秀传统文化的传承。近年来，在中学校园，中学生接受优秀传统文化教育的意识逐渐淡化，中华民族的许多传统美德得不到很好的传承，许多中学生养成了不少不良习惯。如劳动习惯欠缺，集体意识淡薄，以自我为中心，自私自利，没有集体观念，不懂得感恩，等等。这对中学生的健康成长极为不利。因此，优秀传统文化进校园是时代的迫切需要，更是中学生健康成长的需要。

（二）有利于弘扬爱国主义精神

优秀传统文化内容博大精深，蕴含着崇高的民族精神和爱国主义精神。例如，学习唐诗宋词，挖掘优秀传统文化中蕴含的爱国素材，能够激发学生的爱国热情；学习历史故事，能被古代历史人物的民族精神和优秀品质所感动。这些具有强大生命力的传统文化，能够增强中学生的民族自豪感，有利于弘扬爱国主义精神。

（三）有利于汲取传统文化的营养

目前，受应试教育的影响，学校教育具有浓厚的功利色彩。教师的教学研究围绕考试的指挥棒展开。在课堂教学中，仅仅局限于语文知识的传授，与考试有关的知识点，教师反复强调，让学生反复训练，与考试无关的内容一带而过。这种急功近利的教育模式导致中学生的优秀传统文化积淀严重缺失。悠久的中华历史，孕育了底蕴深厚的优秀传统文化。优秀传统文化进校园，有利于中学生传承优秀传统文化，更有利于汲取传统文化的营养。

三、优秀传统文化走进中学校园的有效路径

（一）营造环境，让优秀传统文化生根发芽

良好的环境对中学生的影响非常重要。要在学校中营造传统文化的氛围，让优秀传统文化生根发芽。首先，在校园内做好优秀传统文化的宣传普及工作。例如，开展传统礼仪文化学习，通过主题班会、讲座、办学习专栏等多种形式对优秀传统文化进行宣传，让学生在校园处处都能接受到礼仪文化的影响，在潜移默化中形成良好的思想品德。其次，发挥学校的资源优势。充分利用学校走廊、办公室墙壁的各个墙面、班级学习园地等资源优势，张贴标语和挂图，进行宣传；还可以利用学校广播电台、阅览室、兴趣社团等载体，以活动传递优秀传统文化，传播正能量，让优秀传统文化在校园生根发芽。

（二）开发校本教材，让优秀传统文化开花结果

目前，各个学科教材中有不少优秀传统文化的影子，通过课堂讲授，可以让学生受到良好的教育。但是，大多学校对传统文化的教育过于碎片化，不够系统全面。中学教师要根据中学生的年龄特点，收集整理适宜中学生特点的优秀传统文化素材，开发校本教材，有计划地实施教学，让中学生得到系统的教育。可以分年级进行编写，既能很好地传承国

学，又能使中学生得到熏陶，受到教益，让优秀传统文化在中学生心灵深处开花结果。

（三）搭建活动平台，让优秀传统文化引领成长

中学生接受优秀传统文化教育的渠道较多，教师要积极搭建活动平台，让传统文化引领学生健康成长。可以通过诵读活动，让学生在诵读中感悟，在诵读中提升。不断提高学生的精神境界，提升中学学生的文化素养。可以开展"文明少年"等评选活动，宣传身边的典型事迹，引导中学生做诚实守信、讲文明、有礼貌、懂得感恩的好少年，树立正确的道德观和价值观。

总之，让优秀传统文化进入校园，对传承优秀传统文化具有重要的意义。作为中学教育工作者，要积极营造环境，开发校本教材，搭建活动平台，让优秀传统文化在校园的传播更为有效，促使中学生健康快乐地成长。

第三节　优秀传统文化传承与创新融入教育改革

一、优秀传统文化传承对教育改革的意义

（一）教育创新本身就是一种文化活动

从词源上看，文化与教育是紧密联系的。"文化"一词在拉丁语和古英语中具有"耕耘"和挖掘土地的意思，表明了文化与劳动的天然联系。后来古罗马思想家西塞罗所用的文化一词"Culturementis"（耕耘智慧）具有了改造、完善人的内心世界，使人具有理想公民素质的意思。在希腊文中，"Paideia"一词相当于中文"教化"的意思，法语中的"教育"（Pedagogie）即源于此词。现在的英语中也用"Pedagogy"指称教育学。中文的"文化"一词由"人文化成"演化而来，基本含义是指通过教化把人培养成有教养的人的过程，即"教化"的意思。由此可见，在中文和英文中，"文化"与"教育"在词源上都是有直接联系的，这种词源上的同义性反映了两者关系的直接性和密切性。

从起源上看，教育属于文化范畴，教育本身是起源于文化的。教育起初作为一种模仿、示范、传习活动是在有了初始文化之后，人们是在长期不断的"尝试错误"之后，明确哪些事可以做、哪些事不可以做、哪些事应该做，才开始了人们之间的教育活动的。因此，教育是建立在文化的基础之上的，其本身就是人类文化成果的表现形式之一，它使得后代人不必重复前人所走过的坎坷与曲折，完全可以通过教育而获得先人积累的生产知识

和精神价值观念，从而简捷地获取物质生产和精神生产的能力，并进一步进行旧有文化的改造、发展和新文化的创新。

教育的传递功能是其基本功能，教育的传递不是生物水平上的传递，而是文化意义上的传递，是社会文化的积淀，是对社会文化世代连续性过程的同化和顺应而引起的文化潜移。社会通过教育将前人所积累的生产和生活经验、道德观念和行为规范、科学知识和人文知识等，有计划地传递给下一代。正由于教育活动，人类文化才能够一代一代承接下去而不中断，也正是基于这一基本特征，教育才具有永恒性，以至于有的辞书把教育定义为"人类传递文明的手段"。

（二）教育在不断的文化创新中使文化永葆活力

1. 文化生产的劳动者及其文化创新的能力是通过教育培养出来的

人的语言能力、科学抽象能力、辩证思维能力、科研、创造能力等，主要是受教育之后获得的。一个人受到的教育越多、越高，文化生产的能力就越强，现代教育更注重创新型人才的培养，坚持知识、能力、素质的统一，全面提高教育质量。

对一个国家、一个民族来说，教育是一项最根本的事业。国家的发展，民族的振兴，文化的繁荣，要靠教育、靠知识、靠人才。一个国家的教育水平、培养的人才的数量和质量，决定其文化创新的数量、质量和速度。近代以来，世界科学活动中心的几次历史性转移已经充分证明，一个国家的教育发展水平，同其科学文化的水平成正相关，建设有中国特色社会主义文化，就必须大力发展教育。

2. 现代创新教育为创新性文化生产提供了大量优质的劳动资料、先进的生产工具和物质手段

科学技术的进步，为现代教育提供了先进的设备和手段，能够迅速地传播、加工和处理各种科学文化和信息，使教育具有较高的文化产品生产率。在现代教育机构中，有先进的实验设备、专门的科研机构、较高水平的科研队伍，有健全的图书情报资料系统，有合理的科学劳动结构和较好的科研管理，为创造性文化生产提供了良好的环境条件。

教育是精神生产力系统中一个重要的部门，大量的精神文化产品是由教育生产出来的。一方面，由于精神文化产品本身就具有教育功能，因此，要发展教育，就必须对历史和现实的精神文化产品进行搜集、加工、整理和概括，从而也就提高了精神生产力；另一方面，由于教育本身就具有探索性、创造性，它不仅传授已有的文化知识和方法，而且必须对前人遗留下来的一些思想、资料进行加工改造和综合概括，从而获取新的文化知识和方法，这种获取新知识、新方法的过程，也是生产新的精神文化产品的过程。

当然，旧的文化的发展或创造新的文化，开始时往往只是作为一种亚文化。如果这种文化不为社会认同，可能只是昙花一现，湮没无闻，而如果这种文化为社会所接纳，就有可能逐渐地融入或取代传统文化而成为主流文化。"五四"时期所提倡的科学与民主，所引进的马克思主义思想，就是滥觞于校园而成为现代中国的主文化，并在与中国原来的传统文化冲突、融合中，逐渐成为有中国特色的社会主义新文化的。

（三）教育促进文化创新，文化创新必须依靠教育

从文化的属性上审视教育创新，可以发现，教育创新以文化的潜规则来解读教育发展的状态，用文化的定位来体现教育的社会价值，这是一种能动的态势，是内在的灵魂中所形成的终端驱动力，是从文化创新的角度来推动教育的品牌、品质和创新。

教育活动与物质生产活动相比重要的不同点就是它是一种认识活动，一种文化活动。教育对义化的传递、选择和创新是系统的整体。传递的是经过选择的文化，创新的是经过传递的文化。创新是为了更好地传递，选择是为了有目的地创新。没有选择就没有传递，没有传递就无所谓选择。没有传递哪来的创新，而没有创新选择还有何意义？教育正是不停的选择—传递—创新—再选择—再传递—再创新的循环往复的过程，使文化得以形成、发展、延续，它是文化的传递与传播，是文化的净化与升华，是文化的创新与发展。教育创新是以文化为基石，以文化为媒介，以文化为实体的活动。因此，进行文化创新时，必须以最现代化的文化、科学为内容，以最先进的技术和设备为手段，以广阔的活动方式（生产方式、消费方式）为基础，以人的现代化为目标，对学生进行创新教育，全面继承人类的优秀文化遗产，融合现代科学精神，创造出代表社会发展潮流的主流文化，否则就不能适应现代社会发展的需要，也就不会产生具有中国特色的社会主义文化。

二、现代教育改革的内涵

（一）现代教育创新的特征及内容

提高我国自主创新能力，实现经济结构调整和增长方式转变，提升我国的国际竞争实力，建设创新型国家，为构建社会主义和谐社会创造坚实的物质基础和科技支持，在很大程度上取决于我国人才特别是创新人才的规模与质量。而创新人才的培养，在很大程度上又取决于创新教育。

通过教育创新培养大量的创新型人才，是提高文化创新水平的基石。因此，必须废除压制创新力形成的传统应试教育，大力开展以创新精神为中心的全面素质教育。

1. 现代创新教育最本质的特征

现代创新教育的最本质的特征是把人才的成长发展过程看成一个系统工程，并把创新教育阶段自觉地纳入这个系统，以系统的总目标作为制定自身目标的依据，使之成为人才发展过程中连续的有机组成部分。

纵观人类文明的发展史，其实是一个不断遇到问题，又不断运用人类自身智慧解决问题的创新史。无数事实证明，凡是卓有成效的创新，必须具有远大目标的引导和与之相适应的知识结构和经验积累，是富有个性的创新。因此，教育创新在人才素质培养的过程中，应当始终结合受教育者的个性特点来施行。简言之，推行因人而异进行引导的创新素质个性化教育是人才发展过程的历史要求，也是提出创新教育内在依据的要求，更是决定创新教育成败的关键因素。

2. 现代教育创新的内容

创新性教育。是指在教育中努力贯彻提高受教育者创新力的原则，使提高创新力成为教育目标的一部分。在这里，创新教育已成为一种教育思想。

我们的各类教育机构，我们的全体教育工作者，对增强包括民族凝聚力在内的综合国力，承担着庄严的职责。教育在培育民族创新精神和培养创造性人才方面，肩负着特殊的使命。创新性教育的关键是将开发受教育者的创新力渗透和体现在各科的教学内容和教学形式中。因为创新本身就是一种学习过程，需要特殊知识的积累，因此，创新教育的过程是一种有组织的、有时间顺序的、不可逆转的过程。创新是与"干中学""用中学"等活动紧密相关的，所以，创新所需的知识与其说是一种大家都可获得的公共知识，不如说是一种带有文化创新色彩的知识，因为文化创新有其本身自然发展的途径。虽然某种文化创新发生在某一时刻，但是如果追根求源，这个创新的实现一定已经有了较长的该种文化知识的积累过程和学习过程，没有这样的过程，没有任何渊源关系，只是根据公共知识，机械地去实现某一部门的文化创新，是无法做到的。

创新能力训练。创新能力是指能广泛应用科技知识，不断推进新生事物的产生与发展的能力。创新能力如何产生，有哪些要素？"知识—智力—能力"，就是创新能力的产生过程，其间有"两个转化"：通过教育学习，使书本知识、社会知识转化为学生大脑的智力；再通过主观能动性、大量的脑力劳动，使智力转化为学生能反作用于物质的创新能力。这两个转化过程，就是人们从认识客观世界到主观世界的能动，再到改造客观世界的过程。创新能力蕴含"三个要素"：一是加强知识学习，这是培育创新能力的基础；二是激活主观能动性，这是培育创新能力的内因条件；三是善于引导与发现，这是培育创新能力的外因条件。因此，创新能力训练指的是面向受教育者，主要以提高他们的想象能力和思维能力为目标的系列教育，包括让受教育者解答各式各样的训练题、传授创新技法和发明经验等，如奥斯本的"头脑风暴法"，就属于这一类。另外，还有美国的戴维斯、特雷芬格等人提出的创新力训练模式。现代心理学发现，创新能力是与生俱来的一种潜能。从一定意义上说，人的自我实现，也就是实现自己的创新潜能；而所谓创新性，也就是独创性。这种创新能力通过训练是可以很快得到提高的。

国内对人才的创新力开发和训练主要有五项内容：一是破除习惯性的思维和工作模式，使人才学会灵活而完整的思维和创造性的工作模式；二是学习和掌握有效的创新方法和发明方法；三是开发脑力，充分有效地利用大脑；四是克服各种创新障碍，培养创新个性；五是促进形成适当的气氛和环境。

现代远程教育。现代远程教育工程主要包含高速传输平台建设、现代远程教育软件平台和资源建设、开展现代远程教育试点和相关的管理政策研究等方面的内容。

创新素质的培养。主要是培养人才的创新能力和创造力。要使人才能借助这种素质，在将来实现各自具体人生目标的过程中，一方面，可以自觉地、有选择性地吸取知识；另一方面，又能主动地尝试把所学的知识加以运用，以解决其所面临的问题。创新素质的培养主要包括以下三方面：

创新意识的培养。创新意识是指基于对创新本质的正确理解基础之上的、主体自身产生的一种敢于创新的觉悟及创新的欲望，它是主体进行创新实践的首要条件。因此，创新教育把受教育者是否拥有创新意识作为判断教育成败的最基本的依据。这就要求创新教育首先启发受教育者的思路，使他们树立起强烈的创新意识。尤其是到了 21 世纪的知识经济时代，文化只有在创新中找出路，在创新中求发展。这就更加要求受教育者具有超前思维，未雨绸缪，不断增强创新意识和创新能力，努力把握文化创新发展的主动权，满怀豪情地迎接知识经济的挑战。

创新习惯的培养。创新习惯是指大量的固定储存于主体脑中的，能直接地或经过类比、推理、联想等思维处理后间接地为主体探索未知的实践活动提供参考、支持的主体创新经验模式，它是主体能不断地进行创新的得力保证，借助它，主体能很快地从整体上、方向上把握整个探索过程，从而对未来的探索活动表现出一种从容的适应性。由此可见，教育阶段创新习惯的培养，其实质是受教育者在教师有目的的引导下，对未来创新活动的一种"预体验"，是对未来创新的有预见性的经验积累。

创新品质的培养。创新品质是指创新型人才进行成功创新所表现出来的某些共同心理特征及性格特征等，它是支持人们进行创新实践的非智力因素，包括动机、志向、目标、决心等。教育创新不同于传统教育的是：它并不满足于向受教育者传授一些具体的知识或技能，而是注重受教育者的个性性格及心理素质的培养，从而使受教育者的智力因素得到最大限度的发挥。

由于创新是在旧事物的基础上进行前所未有的创造，是对文明的推进，因而获得创新成果绝不会是一蹴而就的事，创新者必然经受无数次的挫折和失败，这就需要诸多非智力因素做支撑，其中最主要的就是创新的品质。

创新实践教育。创新实践包含两层意思。一是通过实践来检验学生的创新能力。实践是检验真理的唯一标准，实践出真知、长才干、增能力。学生是否具有创新能力，是否具有符合时代精神的创新能力，都必须由实践来检验。学生在实践中又可以学到鲜活的知识，可以更有成效地培育和提高创新能力。二是教育与实践相结合的内容、形式、方法等，也需要不断创新，不断优化结合点、优化结合方案，追求最优化成果。教育与实践相脱离，严重阻碍了对学生创新精神和创新能力的培育，这是现行教育的主要弊端之一，这样培养出来的人才多是"书呆子型"，少有"竞争实力与拼搏气质"。坚持教育与社会实践相结合，强化教育的实践环节，优化人才培养模式，必须从整体上纳入教育结构之中，是教育创新应坚持的方向。密切与经济结合的创新实践途径如下：

理论知识教育与市场经济研究紧密结合。教育必须有市场观念、经济意识，坚持为市场、为企业培育急需的合格人才，为经济建设主战场、企业生产经营第一线及时提供人力与智力资源。凡是市场经济运行的理论，都应纳入教育内容，写进教材，进入课堂。凡是市场经济发展所须完善、研究的理论，都应纳入教育部门列入专题研究，融入整个教育过程中。学校的专业设置、学科建设、师资队伍等，在设计、调整、规范上都应无条件地服从服务于市场经济。

校园小课堂、小讲台与社会大课堂、大舞台紧密结合。关门办学，早已不符合时代潮流，不符合教育创新发展的趋势。教育只有与社会发展的脉搏、与经济发展的脉搏息息相通，才会具有强大的生命力。

积极开展社会实践活动，直接参与市场经济活动。要知道梨子的滋味，就必须亲口尝一尝。亲自参加，亲自感受，亲自体悟，是最深刻的实践。例如，让学生亲自参与革新工艺流程、策划新的品牌、推进科学管理、改善环保条件、设计新项目、改造设备、承包工程、推销产品等活动。让学生在这些真实的经济活动中，亲身感受市场经济的压力，尝一尝闯市场的艰辛"滋味"，闻一闻商场如战场的"火药味"，让学生从中开阔视野，展现才华，检验不足，明确自己的努力方向。

3. 现代教育创新的方法

创新能力绝不仅是一种智力特征，更是一种性格素质、一种精神状态、一种综合素质。一个人成才有智力因素和非智力因素，非智力因素往往起主导作用。一个人的素质像一座冰山，露出水面的容易被人看到的学历和专业知识只是一小部分，而真正决定一个人能否成功的是责任感、价值观、毅力、协作能力等。成小事主要靠业务本领，成大事主要靠德行和综合素质。对品德、合作精神、敬业精神的基本素质的要求，中外并无多大差别。心理学研究表明，人的创造性的发展程度与他的整个人格发展是高度相关的。这里包括他所持的世界观、人生哲学、生活方式、伦理准则、思维模式等。如富有创新性的人总是把世界上一切事物看作一种流动、一种运动、一种过程，而不是静止不变的。这种人不是固守过去，而总是展望未来；不是用过去来规定今天，而是善于用未来规划当今；他们总是不满足已经做过的，而是努力开拓未知的；他们满怀信心地面对明天，相信自己能使明天变得更美好。

（二）我国教育创新的对策

1. 创新教育的根本目标是素质教育

创新是现代教育的时代课题，是教育兴旺发达的不竭动力。尤其是在 21 世纪的知识经济时代，知识在文化发展中的作用越来越重要。没有一定的知识积累，不掌握现代科技文化知识，就根本谈不上创新。进行教育创新，根本目标是要推进素质教育，把教育从应试型真正转变到素质教育上来。长期以来，我国的教育以应试为主，强调对学生的知识的灌输，相对忽视学生创造力的培养。近年来，党中央从提高中华民族的整体素质和国际竞争力的高度，提出了全面实施素质教育的要求。各级教育部门要重视教育在创新型人才培养方面的作用，真正把素质教育落到实处，把教育的着眼点放在学生的创造力和创新意识的培养上，消除妨碍学生创新精神和创新能力发展的教育观念和教育模式，使大批既有专业知识、又有创新意识和创新能力的人才脱颖而出。由此可见，只有转变传统教育的价值观和人才观，我们才能切实推进素质教育，促进人才的全面发展，培养造就创新人才。培养创新人才必须实施素质教育，坚持德智体美劳全面发展，注重创新精神和能力的培养。

2. 推行以培养人才能力为主的教育体制

要推进教育体制改革，建立健全适应时代发展趋势、经济社会发展需求和符合创新人才培养规律的教育体制，是培养造就创新人才的基础与关键。

首先，在教育思想上，要摒弃以传授知识为主的观念，树立以培养能力为主的思想，把培养人才的能力、增长才干作为教育的根本目的，为培养能力而传授知识。其次，无论在课程设计、内容选择上，还是在教学重点、教学方法上，都要体现以培养能力为主的思想，要把创新教育作为重要的必修课纳入教育中。再次，应着重人才的形象思维能力、联想能力、想象、发散思维能力、综合思维能力等的培养。为此，在授课时，应给人才自由联想的空间，鼓励人才树立求新、求异的探索精神。最后，改革教学内容，增加与培养创新能力有关课程的分量。对于不同层次人才的创新教育，其教育内容也要有所不同，要针对不同教育对象实行多层次、多类型的教育方式和教育内容，对具有高、中、低不同知识与能力档次的受教育者，做到因材施教、因需施教，不能千篇一律。

3. 以培养创新型人才为宗旨，改革创新教育

中国的整个教育开始"面向世界，面向未来，面向现代化"，教育创新也开始由只重视同一性和规范性向同时鼓励多样性和创新性转变，由只重视指导学生被动适应性学习向同时鼓励学生主动求索、学习、创新转变，由对学生的灌输式教学向启发式教学转变，由重视知识单向传授向重视师生研讨、重视实践、探索和创造转变，把培育学生的创造精神和创新能力作为教育目的优先目标之一。目前，中国正在着力培养各行各业的创新型人才，如创新型营销人才、创新型管理人才、创新型公关人才、创新型开发人才等。与此同时，在对外引进人才方面也加大了力度。

4. 选择人才愿意接受的方式进行创新教育

由于人才教育长期以来没有规范化、科学化，许多人才对教育产生了"麻木感"，甚至于反感。所以，在对人才进行创新教育时，要采取人才喜闻乐见的方式和方法。如创新教育的普遍适用性，创新教育的通俗易懂性，创新教育的具体实用性，创新教育的鼓舞激励性，创新教育的灵活多样性，创新教育的效果持久性，创新教育的功能全面性等。只有当人才通过创新激发起创新热情时，他们才会自觉地投入创新，为创新而学科学、学技术、学文化并付诸实践。

5. 学习和掌握创新的方法

理论是实践的指导，古人云，工欲善其事，必先利其器。先进的思想方法和理论是开启创新思维的"利器"，学习、掌握创新的方法和手段是多、快、好、省地开展创新活动的关键。开展创新教育，要从源头上解决思想武器和"方法论"的问题。教育界和全社会都应该高度重视，掀起学习辩证法、学习创造创新学的热潮，这是培养创新人才、建设创新型国家的需要。

（三）教育创新的作用及影响

所谓创新型人才，是指富于独创性，具有创造能力，能够提出、解决问题，开创事业新局面，对社会物质文明和精神文明建设做出创造性贡献的人。这种人才，一般是基础理论坚实、科学知识丰富、治学方法严谨，勇于探索未知领域，同时具有为真理献身的精神

和良好的科学道德。他们是人类优秀文化遗产的继承者，是最新科学成果的创造者和传播者，是未来科学家的培育者。

1. 教育创新有利于人才树立创新的志向

随着知识经济的来临，竞争意识和竞争能力在文化创新发展中所处的地位越来越重要，越来越突出。现在，人们已清楚地认识到，各类不同性质的竞争实际上是人才的竞争，而人才的本质又在于创新，所以，从这个意义上说，竞争的本质也在于创新。虽然一个有强烈创新意识的人不一定立即有所发明和创新，但是，一个没有创新意识的人则决不会有所发明和创新。现在，我国的中年以上的人才大多是在计划经济中成长起来的，依赖性比较大，缺乏强烈的创新意识。因此，对他们进行创新教育，可以启动他们对创新的追求和向往。

2. 现代教育创新使人才产生进入创新境界的紧迫感

创新理论认为，一个人知识量的多少将会决定这个人可能创新的层次与深度，但它并不决定这个人能否进行创新活动。因此，要从各方面鼓励人才在具备一定的知识后不失时机地进入创新境界，边学习，边创新，在学习中创新，在创新中学习，不等，不靠，不要，积极发挥自己的创新才能，为文化创新做出贡献。

3. 现代教育创新使人才发散思维能力有所提高

所谓创新发明，就是和别人看同样的东西却能想出不同的事情，而要做到这一点，就需要思维的发散性。思维上的这种发散性，可以从多角度对事物进行观察、质疑和思考，并可能直接激发创新发明。这就要求人才凡事都要问一个为什么，敢于思索，敢于探讨，敢于打破一切旧的框框套套。

教育创新理论研究的文化创新使命启示我们，必须对我们的教育创新理论研究活动进行双向的反思。一是应该提高人们对于教育创新理论研究意义的认识，既应理解其促进教育现实进步的工具性意义，又应理解其促进教育文化和社会文化发展和创新进步的价值性意义；二是应该提高教育创新理论研究本身的品质，即从事教育创新理论研究工作的人们，应该坚持发散思维，以科学、理性的态度探索教育的未知领域，使新创造的教育理论具有深厚的哲学基础和现代性视野，具有坚实的传统文化基础和现代化前景，推动教育和文化的双重创新。

教育创新有利于人才创新素质的提高。由于创新教育涉及的面较广，因此，对人才的各方面都会起着意想不到的作用，使他们能主动地研究学习、研究创新、研究工作等，从而在潜移默化中提高其创新素质。

现代教育创新有利于树立科学的人才观。长期以来，我们的教育所形成的人才观过分强调共性，往往用一个标准、一个模式去要求所有学生，采取"划一主义"而忽视了学生的个性，压抑了学生的创新性。这种人才观存在不适应当代科学技术迅猛发展对人才的要求，更难适应知识经济的挑战。为此，现代教育必须破除这种观念，树立不拘一格的人才标准。一方面，要重视对学生个性的培养，为学生个性的发展和张扬提供广阔的生活空间、创造良好的文化氛围、建立可靠的制度保障；另一方面，要打破传统观念的束缚，真正把创造性、创新精神作为衡量、培养人才的一项核心内容，积极鼓励学生质疑问难、异想天开、标新立异、勇于进取、敢于开拓、大胆创新。

我们在本文中所说的文化创新，并非指社会当下流行的现实，而是指超越社会当下文化水平的、具有文明和进步意义的先进文化。这种文化的创造，是一种需要超越历史的高水平的价值观念，它要求参与者必须具有高尚的学者情怀、不屈不挠的追求真理和坚持真理的理想和精神，有敢于蔑视和质疑权威和权势境界。而能够对文化创造产生积极意义的教育理论研究，则必须是具有真正的探求真理性质的研究活动。教育理论研究的文化创新意义，主要表现在两方面：一是教育创新的文字成果对社会整体文明、进步的推动和促进；二是教育的实践成果对社会整体文明和进步的推动和促进。其中，教育创新文字成果的表现形式是指由教育学专业书籍、教育学专业论文以及各种教育性专业资料等组成。实践性成果则是指由教育创新理论指导形成的教育经验、教育方法、教育传统、教育体制等，这两种成果形式除了在具体的教育过程中直接推动教育创新发展外，还在观念上开阔了人们的视野，震撼、冲击甚至改变他们的思想，引起了人们的思索、交流甚至争论，教育生活观念的革新和进步，在很大程度上都得益于教育创新理论研究成果的启示和引导。

教育理论研究的这种促进教育文化和社会文化创新发展的作用，是一种促进社会和教育进步的根本性作用，能够对社会的科学发展产生深刻的、持久的、全面的积极影响。

三、优秀传统文化融入教育改革的途径

（一）教育创新是文化创新的内在支撑因素

现代教育创新在文化创新发展中的功能是综合性的，但教育的功能又是随着文化的发展以及教育自身的发展而发展的，是一个动态的变化过程。在工业经济向知识经济过渡时期，创新教育正在发生深刻的变化，其中最为显著的特点之一，就是它的经济功能体现得越来越充分，使之成为知识经济时代文化创新发展的内在的支撑因素。

教育创新对文化创新的意义主要表现在教育工作者们所提出的教育思想、教育理论和教育方法对人们教育观念的改变、教育体制的改革、教学过程的革新所产生的影响和作用

方面。这种影响一方面通过教育创新实践中的教育制度内容的创新和完善、教育思想的进步和发展、教育方针的修正和更替等行为表现出来，使新的教育文化逐步地生成和扎根；另一方面通过社会各种媒体的传播和各种教育要素的作用，逐步地内化和渗透于人们的思想和意识之中，形成人们在教育问题上的共识，从而通过人们的言行、习惯、传统，沉淀为具有更新意义的教育文化。特别是一些著名教育理论家的具有前瞻性、超越性的研究成果，对传统的教育思想、教育方法具有深刻的批判和革新意义，强烈地冲击了人们的教育观念，提高了人们的认识，有些还被教育决策部门采用或吸收，转变为政府的教育政策，被以制度的形式固定下来。这种通过渐变形式生成的新的教育文化，完成了对旧的教育文化的超越和替换，使文化的创新成为现实。

就一般意义而言，教育在现代文化创新发展中已在两个层次上体现着重要的经济功能。一个是狭义的层次，即在直接的经济运行和发展过程中体现的功能，主要包括：通过教育赋予文化创新以需求动力；通过教育的发展提高人才的科学文化素质，使之不断地提高劳动生产率，提高科技竞争能力。这不仅有利于文化创新的良性发展，而且有利于文化创新的可持续发展。另一个是广义的层次，即在文化运行发展的环境创设中体现的功能，主要包括：创新教育使文化创新的发展建立起应有的价值文化体系，确立健康的经济行为价值标准，使文化趋向文明发展；通过教育的发展，为文化创新发展创造健康的文化环境，从而为文化的发展与社会文明进步提供现实的协调基础。

在这两个层次上，教育的经济功能已得到较为充分的体现。从这个意义上说，创新教育是文化创新发展的内在支撑因素。

知识经济使教育的经济功能得到进一步强化，这是由知识经济的本质及特征决定的。知识经济从本质上来说是主要依赖知识的进步以及知识的生产能力、知识的积聚能力、知识的获取能力、知识的应用能力的提高而得到发展的经济。它的主要特征可以概括为：财富增长基础的知识化，即财富的增长、经济的发展主要依靠知识资源的开发和利用；产业的软性化，即所有产业的知识含量进一步提高，以至实现产业的知识化；经济的柔性化，即文化因素构成经济发展、经济运行的重要内在力量；发展的创意化，即经济的发展、财富的增长越来越主要依靠民族的创新意识、创造能力；竞争的隐性化，即经济竞争主要依靠战略策略制胜、依靠竞争者的良好的心理素质、依靠企业良好的形象等柔性手段；就业的学历化，即企业劳动岗位对知识的要求越来越高；等等。这一切都直接依赖教育的发展和教育功能的进一步发挥。教育本身就是知识的生产过程，教育越是发展，知识的生产能力、积聚能力、获取能力、应用能力也就越强。只有教育的发展才能实现知识的进步，也只有教育的发展，才能从根本上提高劳动者的知识水平和获取知识的能力，从而使知识经济的特征成为现实的经济优势和发展能力。

（二）教育创新是现代社会的重要产业

1. 知识性

教育作为知识性产业，由于不是直接从事物质资料的生产，因而必须与第一、第二产业所代表的以物质资料生产为主要内容的所有产业区别开来，因为教育是以知识的生产、服务为主要内容的特殊产业。

2. 基础性

创新人才的培养靠教育，教育是基础，是根本。在工业经济时期，农业、交通、能源等是重要的基础产业，它们在知识经济的发展中仍然是重要的基础。知识经济作为一种新的经济类型，又需要有赖以发展的新基础产业的支撑，如信息高速公路、通信网络、教育的现代化等。其中：教育不仅是广义的知识经济发展的基础，而且，教育作为知识的生产者和传输者，是知识经济发展的直接基础。

3. 全局性

知识经济发展的水平、质量直接取决于全社会知识的进步，取决于知识的生产、积累、更新、运用的能力，而这一切又直接取决于教育的发展水平、教育的质量状况。仅从这一方面就可以看到，教育的发展水平将关系到知识经济发展的全局，与其他新的基础产业相比，教育是事关知识经济全局的基础性产业。

4. 先导性

"经济增长—知识进步—教育发展"的内在逻辑决定了教育是具有先导性的基础产业，因为只有发展教育才能实现知识的进步，并最终促进经济的增长。因此，"经济未动，教育先行"是知识经济发展的新思路。同时，只有不断进行教育创新，提高教育质量，才能从根本上不断地加快知识的进步，提高其更新速度，从而加快经济的发展。

上述四方面的特征是一个有机的整体，充分说明教育是事关经济发展全局的先导性和基础性知识的产业。这是知识经济所要求的崭新的教育产业观。它不仅对教育创新具有重要的理论意义，而且对现实的经济发展也具有重要的实践意义。

（三）教育创新是重要的知识资本

在知识经济的发展中，资本的运动、价值的增值将越来越依赖劳动力的复杂程度的提高，无论是复杂的劳动力还是复杂的劳动，已不再是主要表现为适应于一定劳动部门所要求的技能和技巧的提高，而是主要表现为科学文化整体素质的提高。具体来说，就是劳动力的知识含量和水平的提高，获取新知识和运用各种知识的能力的增强。可以说，在知识经济时代，较高级、较复杂的劳动力就是知识型的劳动力，较复杂的劳动也就是知识型的复杂劳动。因此，知识已是实现价值增值、资本增值的关键因素。正是从这个意义上说，依靠知识进步实现财富的增长、价值的增值，是知识经济的本质特征。也正是在这个基础上，确立了"知识资本"这一崭新的主要内容，使资本的范畴进一步拓展。既然知识是劳动力及劳动复杂程度提高的主要内容，是价值和资本增值的关键，这就决定了教育不仅是资本运动、资本增值的要素之一，而且是其中的关键因素。

不仅如此，知识经济的特征还使教育费用在可变资本中的比重得到进一步的提高。这一方面是由于整体劳动力的复杂程度都在提高，从而使原来的普通劳动力都逐渐成为复杂的劳动力。它具体表现为全体劳动者接受教育的范围不断扩大，接受教育的程度都在提高，从而使教育费用的总量，在可变资本的总量中占有越来越大的比重。另一方面，随着知识经济的发展，又必然出现部分劳动者需要接受更高层次的教育，并出现更为高级和复杂的劳动力。从动态的过程看，为此而花费的教育经费及商品等价物也会越来越高，在可变资本中的份额也会越来越大。这两方面将使教育费用在知识经济中逐渐成为可变资本的主要部分。

知识资本作为知识经济的新特征，主要表现为：依靠知识的进步实现财富的增长、价值的增值，资本的新运动使知识成为重要的资本；依靠教育的发展促进知识的进步和劳动力及劳动的复杂程度的提高，使教育的资本属性得到进一步的体现，并使之成为知识资本的重要组成部分。就教育与知识的相互关系而言，又可以把教育直接称为"知识资本"。

既然教育是重要的知识资本，在知识经济的发展中具有极其重要的作用，那么，投资教育就是一种直接的、重要的经济投资，而且是回报率最高的资本活动。教育费用也不再是单纯的公共消费，而是一种预付，是一种经济活动，是价值的增值过程。明确这一点，对现代教育创新的发展具有重要的现实意义。

（四）教育创新是培养创新人才的保证

1. 多种知识的综合及多元文化的融合能力

作为知识经济基础的"知识"，是各种知识的整合，或者说是各类知识的有机综合体。强调知识的系统性、综合性、整合性是知识经济与工业经济相区别的重要特征之一。作为工业经济的主体，强调人才的知识分类，重视某一领域学科知识的掌握和运用，即通常意义上所说的专门人才，这是由工业经济的技术性基础决定的。作为知识经济的主体，强调的不仅是对劳动的某一方面知识的掌握和应用，而且还包括对各类知识的整合。作为知识化的人才，必须具有对各种知识的系统掌握、融会贯通、互相渗透、综合运用的能力，这是由知识经济的知识性基础所决定的。因此，目前的教育创新必须注重基础知识的整合性。

同时要看到，知识经济不仅以整合性、综合性知识为基础，而且是以多元文化的并存和融合为纽带的。因此，在强调知识的整合、综合的同时，必须重视对多元文化的融合意识及能力的培养。在鉴别和扬弃的过程中，重视兼容并蓄。没有对多元文化的认同，没有对多元文化的兼容意识，没有对多元文化进行融合的能力，知识的整合性和素质的综合性也就缺乏内在的基础。因此，在进行教育创新的过程中，应把多元文化的兼容意识和融合能力的培养放在应有的位置。

运用现代技术手段获取新知识的能力。作为知识经济的主体，强调的不仅是对过去及现有知识的继承、积累、掌握和应用，而是要实现知识的不断更新，推动经济的发展。未来的知识经济的竞争，将主要取决于知识经济主体的知识更新和创新能力。因此，现代教育创新强调知识创新意识的培养是十分必要的，但仅仅停留在此是不够的，还必须充分重视获取新知识的能力的培养。为此，现代教育要通过创新性教学，不仅开发受教育者的潜能和促进个性发展，更为重要的是训练创新性思维。创新性思维是人才获取新知识、实现知识进步的关键。与此同时，要重视现代教育教学新技术的使用。在新技术的使用问题上，必须强调以下两点。

（1）要使新技术真正成为所有的人才获取新知识的手段，重在培养运用新技术、获取新知识的能力，而不是仅仅作为教学条件现代化的物质标志。

（2）增强"技术的透明度"，即打破新技术使用上的神秘感，强调让人才学会操作、学会使用，而不应为新技术本身的许多复杂问题所束缚。运用新技术更新知识、获取新知识，是知识经济时代的人才素质的重要特征之一。

2. 把知识转化为现实财富的观念和能力

教育是创新人才的主要培养者，是文化创新的知识源。在知识经济时代，知识是财富增长中最具有决定意义的要素和力量，知识也是最重要的资本。但知识要真正发挥资本的作用，转化为现实的财富，还需要一系列的条件和环节。这里既涉及文化的体制问题，也有教育的机制问题，但最为重要的是使所有知识的主体即知识的拥有者，具有将多种知识转化为财富的能力，即以教育创新为本，以文化创新为先，以推进文化产业化为主要途径。

第四节 中华优秀传统文化融入德育教学实践

随着教育事业的深化改革，德育成为中学教学中至关重要的内容。正确运用我国优秀传统文化对于中学德育有着极大的推动作用，因此，教师应将教学内容和优秀传统文化进行融合，为学生提供更加丰富的德育教学内容，从而实现其全面发展。

随着我国教育改革的不断深入，新课改成为现阶段社会各界重点关注的内容。在这种背景下，中学如何培养学生正确的人生观、价值观成为一项重要课题。同时，国家要求教学课程要向着社会主义核心价值观、正确道德观的方向发展，教育部也对传统化教学提出了明确要求。因此，中学教学必须和优秀传统文化进行有效融合，以此来丰富教学内容和教育深度。通过将中学德育工作和优秀传统文化融合，推动学生在学习知识的同时养成正确的道德意识，且在传统文化的影响下，培养学生的爱国主义精神。

一、中学优秀传统文化的内容

在我国历史长河中，许多优秀的传统文化博大精深，这也成为我国的精神瑰宝。因其特有的精神力量影响了一代又一代人。对教育教学而言，优秀传统文化对学生德育起到了积极的作用，尤其是在中学阶段，科学地融入优秀传统文化更具有非常关键的作用。在此项工作开始前，要明确我国优秀传统文化的主要内容，具体来说，主要包括以下三方面：

（一）广为流传的中国古代文学

在历史发展的进程中，古代文人留下了许多珍贵的文学作品，如诗词歌赋、传记小说等，都为我国传统文化的传承做出了巨大贡献。这些文学作品也成为传统文化的主要载体。因此，在对中学生进行品德教育时，可以选择适宜的文学作品作为教育内容，例如，四大名著、四书五经、《史记》等。通过对文学作品的学习，促使学生更全面地了解我国优秀传统文化。

（二）传统的道德核心

"仁、义、礼、智、信"是我国传统文化中的道德核心，也可将其称为五常。追溯其起源和发展，最早是由孔子提出，孟子延伸，董仲舒发展的。这是儒家思想的核心内容，"五常"是指人们要有恻隐之心、羞恶之心、恭敬之心、是非之心以及诚信之心。除此之外，我国优秀传统文化还包括正确的价值观、深邃的文化精髓、良好的思想道德、丰富的爱国情怀、自强不息的奋斗精神。上述的优秀传统文化都是新时代中学生应该具备的核心道德。

（三）优秀的少数民族文化

少数民族文化作为我国优秀传统文化的重要组成部分，在对学生进行德育时，也可以根据实际需要灵活融入。简单来说，少数民族文化是由于其生活环境和社会因素而形成的生活风俗、服装装饰、建筑风格等内容，因此，教师在宣传少数民族文化时，还应强调弘扬各民族平等、团结发展等精神。

二、优秀传统文化在中学德育中的意义和价值

我国优秀传统文化中蕴含的精神力量可以培养学生良好的心态和健全的人格。其中包含了很多积极的内容，不仅可以避免中学生在成长过程中出现负面情绪，还可以促使其养成良好的心态。

（一）培养学生责任意识和公共意识

培养学生责任意识和公共意识最有效的办法是对其进行优秀传统文化教育。让学生了解传统文化，传承传统文化，使其真正认识到作为中华民族传人，自身应该肩负的责任，正如先辈为中华之崛起而读书那样的爱国主义精神。同时，社会责任感是我国优秀传统文化的重要内容，教师应教育学生心存感激，拼搏奋进。

（二）为德育工作提供指导

德育工作如何开展一直是中学教育中非常关键的课题，在开展德育工作时，既要保证学生可以接受，又要保证教学内容可以满足中学生人格养成和自身发展的实际需求。我国优秀传统文化包含了很多内容，通过教学可以引导学生正确处理负面情绪，懂得如何帮助和关爱他人以及对社会心存尊重和感激，使学生养成健康的品格。

我国优秀传统文化的精神力量也可以培养学生更加坚定的道德品格，这也是现阶段中学德育工作不可缺少的组成部分。通过融入优秀传统文化来为教育工作提供具体实施方向，这也是现阶段中学德育工作的重要内容。

三、传统文化融入中学德育需要注意的问题

为了更好地在中学德育工作中融入我国优秀传统文化，就要对其主要问题进行深入分

析，以此寻找优化措施，但是在对其进行优化之前，要明确注意事项，避免此项工作的优化和创新造成不科学、不适应的情况，并影响中学整体教学工作质量。简单来说，将优秀传统文化融入中学德育工作需要注意以下三方面：

（一）加强对传统文化的认识

为了做好中学德育教学工作，就要充分认识到传统文化的重要意义和传承过程，以此为基础将其运用在德育工作中。这就要求中学教师重视传统文化，在日常工作中，以身作则，积极学习我国优秀传统文化。除此之外，教师在实际工作中还要对学生进行科学引导，通过文字载体、民间故事等方法，给学生营造良好的学习氛围。只有学生能真正认识并认可我国优秀传统文化，才能够促使学生在相关知识学习过程中端正自身学习态度，同时认识到传统文化的深刻内涵，并将其作为自己的知识储备，应用到日常生活和实践中。

（二）合理选择传统文化

在优秀传统文化融入中学德育工作的过程中，如何选择使用传统文化也是需要深入研究的一项课题。中学教师在选择传统文化时，需要注意对各方面进行综合分析，对传统文化进行合理选择，以此保证给学生提供更为科学和有效的传统文化教育。

（三）加强师生互动交流

师生之间进行充分和有效的交流，也是将优秀传统文化融入中学德育工作中一个需要注意的问题。只有教师深入学生的生活世界，才能更全面地掌握学生的实际需求和问题，从而可以提高传统文化的应用效果。需要注意的是，在进行德育课程设计阶段，不能仅凭教材要求和课程制订来设计教学计划，要全面掌握班级中每一名学生的实际情况，并以此为基础设计有针对性的教学计划。

四、优秀传统文化融入中学德育工作的实践

（一）丰富以我国优秀传统文化为内容的德育模式

在实际教学工作中，中学教师要打破传统教学模式，以学生实际情况为出发点，贯彻德育的各项要求。同时，通过配合教学教材要求融入传统文化，为学生营造良好的学习氛围。这就需要教师要以建立现代特色课堂为目标，通过优化课堂环境和课程内容来完成教学创新。同时还要不断丰富德育课程内容，调整教学顺序，以教材为基础，以最科学的方

法对学生进行教学工作，必要的情况下可以调整课程的前后顺序，以此可以训练学生的学习思维。

（二）深化德育课程改革，形成优秀传统文化的德育课程

1. 将优秀传统文化的考核纳入班级考核机制

在中学阶段，不能仅将学生的学习成绩作为唯一依据，还要将学生德育列入考核范围，从而引导学生自主规范个人行为，并且更积极地学习德育知识，培养良好的思想品德。通过完善相关考核制度，能够激发学生在日常学习过程中的积极性和主动性，引导学生自主获取知识，而这种教学模式也比被动知识灌输更为有效。

2. 打造德育教学的专业师资队伍

在将优秀传统文化融入中学德育实践工作中，教师作为主导者，需要其具有更高的道德品格和教学能力。这就需要学校的领导层加强师资队伍建设。为了做好此项工作，需要在人员引进方面，提高德育教师的准入门槛，在招聘过程中，选择具有丰富专业知识和科学教学理念的教师作为备选，同时加大入职选拔考核力度，通过现代德育中的各项工作内容对其进行严格考核，以此确保聘请的德育教师能够有效开展工作。同时，在现有教师的培养工作中，对于各个学科的教师都要进行传统文化带动德育发展的相关培训，使其正确认识传统文化对于中学教学的推动作用，以此强化学校文化建设。

3. 选择适合中学生阅读和践行的优秀传统文化素材

德育教师要在教学工作中选择适合学生阅读实践的传统文化素材，以此来为学生提供更好的学习材料。同时，德育教师还要和其他课程教师做好协调，通过向其提供优秀的传统文化教学资源，使其更好地完成教学任务。在相关知识内容的选择过程中需要注意，不选择过于深奥和复杂的内容，以免误导学生，产生歧义。同时相关传统文化的选择还应当注重与教材有效贴合，不应脱离教学实际，偏离主旨。

（三）开展以优秀传统道德为内容的德育实践活动

除了要培养学生良好的道德品格，学生的、文化自信也是德育的关键内容。因此，除要做好课程教学外，还要积极带领学生开展实活动，通过诗歌朗诵、传统文化演讲、书法比赛等活动，给学生提供具有乐趣的学习环境。除此之外，通过实践活动还可以将优秀传统文化深入德育教学每个环节中，使学生更为积极地参与其中，实现自主探索、快乐学习。

在德育教学活动中，可以将实践活动配合教学课程。例如，在九年级思想品德课程

中，教师通过向学生讲解"了解祖国爱我中华"这一单元的内容，使学生掌握课程学习重点内容。随后教师以班级为单位，组织学生开展爱国主义演讲，通过在优秀传统文化中寻找有关爱国的文章和诗歌，使学生更加直观地理解爱国主义的精神内涵，从而促使爱国主义精神在学生中生根发芽。

（四）借助传统节日，弘扬我国优秀传统文化

我国优秀传统文化中包含很多传统节日，同时每个传统节日都有深刻的含义。在中学德育教学工作中，教师可以通过向学生讲解传统文化风俗来渗透德育工作。例如，通过讲解中秋节的风俗，向学生传递家庭的意义，通过讲解端午节的风俗，向学生传递爱国精神等。教师借助传统节日，给学生讲解更多优秀传统文化，以此来促进中学德育工作的开展。

在我国教育事业创新和发展过程中，应重视学生的思想品德教育，因此，中学校园也要做好德育教学工作。在实际工作中，教师要通过不断实践来找到传统文化教育的有效措施。其中，运用我国优秀传统文化进行中学德育发展是一个较为有效的方法，教师应积极实践，培养学生形成优秀的品格，推进中学德育工作取得显著成效。

第四章

中华优秀传统文化与班级管理概述

第一节 班级与班级管理

一、班级概述

（一）班级的含义

教育是人类社会特有的一种社会现象。学校教育是教育者根据一定的社会要求，有计划、有目的、有组织地对受教育者身心施加影响的活动。生产力的发展要求普及教育，扩大教育规模，提高教学效率和教育质量，班级授课制便应运而生，成为学校的主要教学形式，班级就成为学校实施教育教学的基本单位。

班级是现代学校制度的产物。同一年龄阶段、发展水平相当的一群学生根据学校的安排固定地聚集在一起，形成了"班"；"班"处在一定的教育阶段上，这就是"级"。班级是学校的基层教育组织，是学校为了实现教育目标，按照一定的规章制度，将不同年龄阶段的学生组合与编排而成的有一定规模的学生集体，是学校有目的、有计划地执行管理、教育职能的学校基层群体，它通常由教师、一群学生及其环境组成。

班级是学校教育活动的基本单位，是学生生活及活动的集体单位，是学校组织系统中最基层的正式组织。班级以课堂教学及各种活动为载体开发教育价值，为学校教学活动的开展提供良好、和谐的组织形式，并在各种教育因素的影响下，为学生的成长提供整体、动态的生活空间，是促进学生社会化和个性化的重要教育环境。

班级授课制相比个别化教学来说，适应了社会化大生产的需要，提高了学校教育教学效率。但实践证明，班级规模太大也不利于对学生因材施教，不利于班级的组织管理，不利于学生良好个性的形成和创造性的培养。一般来说，班级规模越大，教师就越会运用严格的规章制度和纪律来维持班级秩序，师生之间的交往越可能疏远，教育效果就受到影响。

（二）班级的基本特征

1. 学习性

对班级中的学生而言，首要的属性是"学习者"，其基本任务是学习。学生学习是为将来进入社会生活做准备的"奠基性学习"。在现代社会中，青少年学生的"奠基性学习"，尤其是社会文化的奠基性学习不可能在个体独处的空间里完成，必须在群体生活环境中进行。班级组织正是为青少年学生提供了一种在校期间群体生活的基本环境。班级里，学生学习的内容既有社会为其安排好的，如教学科目的显性课程，也有如班级组织中的各种规范、角色、人际关系等隐性课程。

2. 不成熟性

班级区别于其他社会组织的一个重要之处在于：它是非成人组织。作为班级组织主体的学生正处在身心发展的过程之中，尽管这一发展水平因学生的年龄而异，但就其整体相对成人来说，学生是社会成员中的未成熟者。因此，班级不可能进行完全的自我管理，必须在一定程度上依靠成人的力量。

学生的自主意识是班级实行自我管理的基础。从学生的自主意识水平来看，一般随着年龄的增长而逐步增强。尽管学生并非成人，但自主意识可以说是学生一种近乎天性的社会性要求。从这个意义上，应该说学生对于班级组织的运行有一种近乎天性的自治倾向。

由于学生并非成人，因而在学校中对于教师难免会存在一定程度的依赖意识，尤其在学生凭借自己的力量解决问题受挫时表现最为明显。经验表明，在中学教育的整个过程中，学生的这种依赖意识是不会完全消失的，只不过依赖的程度随着年龄的增加呈递减趋势。

3. 教育性

班级的教育性是在任何发展阶段都具有的特点。如果说夸美纽斯在 17 世纪首创班级授课制时更多地强调班级只是作为一种"大生产"的组织在提高教学效率方面的价值的话，那么，在现代学校教育中，人们关注更多的乃是班级作为学校教育的单位对于学生社会性发展的影响，这也充分说明教育性是班级的主要特点。

班级的教育性特点不仅表现在对学生社会化方面，而且也表现在促进学生个性化方面。在社会化的过程中，个性化和社会化是相容的。社会化不是以牺牲自我发展、自我表现为代价的。学习社会的文化，掌握社会的价值观念和道德规范同个人的学习兴趣、需要从来不是完全对立的。强调班级能促进学生的个性化，就是要使人们充分认识到学校要培养的不是社会机器，而应是全面发展的、具有个性的"充分、自由、和谐发展"的人，这是教育的根本目标。

4. 社会性

人的活动的首要特征是社会性，无论活动指向客观对象（如使用过的劳动工具）还是指向个人或集体（如人际交往），都不能脱离人的社会生活和社会关系。单个人的活动是包括在整个社会关系系统中的。离开社会关系，人们的活动就不复存在。活动也不是抽象的、孤立的个人生物学本能活动或适应行为，而是受到一定社会历史条件制约的，体现一定社会关系的现实人的活动。班级中的活动既反映社会对受教育者的培养要求，又反映社会环境的渗透和影响，只不过前者带有更多的自觉性，后者带有更多的自发性而已。在班级活动中，学生要和教师、同学这些群体中的成员打交道，这都构成了学生的社会关系。可见，社会性是班级的一个重要特点。

（三）班级的组织结构

1. 班级的正式组织与非正式组织

班级是由不同的个体组成的学生群体，在组织结构上存在正式组织与非正式组织。

按照组织理论，正式组织是由上级有关文件规定的组织，组织成员有固定的编制，有规定的权利和义务，有明确的职责分工，有统一的目标、规章制度和组织纪律。班级组织是由学生组成的正式组织，每个班级都有工作目标，都要建立根据班级分工的组织机构，如在班主任指导下成立班委会，成立班级团支部、少先队组织等。正式组织如果组织得好，能有力地教育、团结全班同学前进，在学生的学习和生活中起到积极的作用。

非正式组织是没有明文规定的组织，是班上少数几个同学由于有共同的兴趣爱好，并在日常的学习生活中增强了彼此的了解，因而形成的小群体。他们拥有共同的兴趣爱好，目标一致，对问题的看法也比较一致，能以团体的形式对外界做出反应。非正式组织的特点是，大家自愿组合，三五成群，性情相近，志趣相投，交往和活动频繁，对内具有稳定性、向心力，对外具有排他性、竞争性，成员之间相互保护，具有明显的感情色彩。非正式组织往往会自然产生一个能协调指挥群体活动的核心人物，他在组织中威信高，影响大，是"非正式领导"。

学生中的非正式组织有三种形态。第一，亲社会型。这种群体的价值目标与班级正式组织的价值目标相一致，是班级正式群体的补充。第二，自娱型。同学们由于消磨时间的需要聚集在一起，其主要目的是好玩、有趣。这种小团体有时格调不高甚至庸俗，但他们感到很满足。第三，消极型。这种群体自觉或不自觉地与班主任或班委会对立，如破坏纪律、发牢骚、不参加集体活动等。

正式组织与非正式组织往往同时发生作用，交互影响。当二者目标一致时，对班集体建设会起到积极的影响；当二者目标不一致时，就可能产生消极作用甚至是破坏作用。班主任在班级管理中要关注非正式组织，充分认识到它产生的客观必然性，既不排斥，也不姑息。重要的是加强对非正式组织的引导，"巩固积极型，引导中间型，转化消极型"，努力将其纳入学校主流教育轨道上来。

2. 班级组织的角色结构

角色是社会对个体职能的划分，它代表个体在社会中的地位与社会关系的联系位置，也代表了个体的社会身份。班级作为一个"雏形社会"，是一个相互关联的角色群。每个学生在班级里都扮演学习者、受教育者的角色，这是学生的主导角色。但是，在班级组织里学生之间又充当各种角色，有的是班干部，有的是一般班级成员。

班主任是班级的中心角色，但是，由于时空、条件的变换，班主任的中心角色也在变换。在学生自行组织的活动中，班主任可能是参谋，也可能是一般的参与者。所以，班主任一方面要强化角色意识，认真履行角色职责和义务；另一方面又不要以教育者自居，要注意角色转换。

3. 班级组织的信息沟通结构

信息交流和沟通是班级组织的"神经"和"血液"，没有信息的交流和沟通，班级组织就没有活力，就会僵化。

在班级组织中，信息沟通渠道的复杂性和沟通成员的单一性是相互统一的。班级组织的信息沟通主体是单一的，主要在班主任和学生之间进行，但作为相对开放的班级组织，其信息沟通渠道又是复杂的。班级要与学校沟通信息，班级之间沟通信息，班级要与家庭沟通信息，还要与社会沟通信息。渠道的复杂多样必然带来信息的复杂多样，它对班级组织的影响可能是积极的，也可能是消极的。因此，教师要向学生提供正确健康的信息源，善于引导学生对各种信息分析、评价，提高对信息识别、判断的能力。

二、班级管理的内容与方法

（一）班级管理的基本内容

1. 班级常规管理

班级常规是为了使班级各项活动能顺利、有效地开展，教师（或教师与学生一起）制定的行为规范学生在教室内必须遵守。班级常规对建立良好的班级秩序、提高学生的学习效率、培养学生的自治能力等，都具有重要的意义，它是班级一切活动顺利开展的先决条件。缺乏良好的班级常规，班级教学、班集体建设、学生的活动和成长都将受到影响。班级常规管理是班级管理中非常重要的内容。

班级常规通常由班主任或班主任与学生一起，根据学校的校规要求、学生身心发展的特点，结合本班的实际情况来拟定。班级常规的内容涉及很多，概括起来有如下四点。

第一，开学初的工作。包括学生入学报到、书本的发放、学生干部的选举与任用、班级财产的清点与更换、座位编排等。

第二，学期中间的管理工作。包括：①纪律管理，如按请假制度进行考勤、课堂（包括自习课）纪律管理、考试纪律、卫生值日制度、值周、升旗等；②班务管理，如教室环境布置、班级公物管理、班级经费管理、学生着装管理、学生宿舍管理、学生就餐管理、环境卫生管理、学生体检与常见病的防治、眼保健操和课间操的管理等；③班级文档、史志管理，如班级日志的填写与保管、班史的编写与保管、学生档案管理、班级总结等。

第三，学期结束的工作。包括组织学生进行自我鉴定，写好班主任对学生的评语，登记好学生成绩并交给家长签字反馈，评选三好学生、优秀学生干部以及其他先进个人或积极分子，并予以表彰。

第四，学生校外、假期生活管理工作。如组建校外学习小组，聘请校外辅导员指导学生的校外生活，布置假期作业，组织指导学生的假期生活，组织返校日活动等。

2. 班级教学管理

教学是学校的中心工作，学校教学活动主要是以班级为单位开展的，教学管理是班级管理的一项主要内容，教学质量管理是班级教学管理的核心。班级教学管理具体包括以下两方面。

第一，建立班级教学管理指挥系统，维护班级良好的教学秩序，保证班级教学工作正常运转。

班级教学管理指挥系统包括：①以班主任为核心的班级任课教师群体，班主任要调动全体科任教师的积极性、主动性和创造性，互相尊重，取长补短，彼此协调关系，使之在班集体工作中形成合力；②以班长或学习委员、科代表为骨干的教学沟通系统；③以学习小组长为中心的执行系统。

第二，对学生进行学习指导，使学生"学会学习"，提高学习效率。

我们正处在一个信息化时代，科学技术突飞猛进，知识日新月异，知识更新周期大大缩短，一个人不善于学习，不会学习，面对浩瀚的知识、大量的信息将一筹莫展，无能为力。未来的文盲不再是不识字的人，而是不会学习的人。对学生来说，掌握了学习方法，学会了学习，就好比有了点石成金的"手指"，不仅能提高学习效率，在有限的时间里，更快、更好、更轻松地学习更多的知识，而且能更好地适应学习化社会对终身学习的需要。因此，对学生进行学习指导是班主任和教师的重点工作内容之一。有些班主任没有意识到学习指导的重要性，或不懂得学习指导的方法，以学习要求代替学习指导，"逼"学生完成学习任务，导致学生失去学习兴趣，有的甚至厌学，严重的还使得师生关系紧张，很不利于班集体的建设和管理。

班主任对学生的学习指导包括以下七个方面的工作。

第一，教育学生树立正确的学习目标，把个人的近期学习目标与为祖国、为社会发展奋发学习的长远目标结合起来，以激励他们的学习积极性。

第二，培养和激发学生的学习兴趣。兴趣是最好的老师，是学习的内在动力。歌德说："哪里没有兴趣，哪里就没有记忆。"学生的学习兴趣被激发以后，他的学习积极性和主动性就会大大提高。激发学生学习兴趣的方法有很多，如利用学习结果的反馈，对学生的学习成果和进步给予及时的表扬和鼓励；开展适当的学习竞赛；保护学生的好奇心；适当评价学生，适当运用表扬和批评等。班主任要注意与科任教师一起，对缺乏学习兴趣的学生进行具体分析，找到真实的原因，有针对性地采取适当的方法。

第三，教育学生端正学习态度。积极认真的学习态度是有效学习的关键。班主任要教育学生充分认识学习的重要意义和价值，端正学习态度，以良好的心态，主动地投入各科学习中。

第四，培养学生坚强的学习意志。"有志者事竟成""只要功夫深，铁杵磨成针"。要想学业成功，没有长年累月坚持不懈的辛勤耕耘是不可能的。坚强的意志是学习成功的保证。班主任要加强对学生的学习目的动机教育，帮助学生树立远大理想；要引导学生正确对待学习中遇到的困难和挫折，指导学生解决学习中遇到的问题；启发学生加强自我锻炼，如树立学习榜样，不断地自我评价自我修正，搜集名言警句作为座右铭自我勉励，促进意志的自我锻炼。

第五，指导学生掌握正确的学习方法。"授人以鱼，不如授人以渔"，就学习来说，"鱼"是指学习的内容，"渔"则是指学习方法。科学有效的学习方法是提高学习成绩、减轻学习负担、促使学生愉快学习的重要因素。对班主任而言，最重要的不是传授知识，而是告诉学生掌握知识的方法。学习方法指导要注意以下四点。

①指导学生制订学习计划，合理运用时间，学会科学用脑。

②指导学生掌握各个学习环节的方法和各学科学习的方法。各学习环节的学习方法，

如预习的方法、听课的方法、做笔记的方法、复习的方法、做作业的方法等等。不同学科，学习方法不同，如文科的学习要多阅读、常练习；理科的学习要重理解、多观察、勤动手等。

常用的学习方法有四类十六种，即认知性学习方法，包括听说、阅读、记忆、研究等；实践性学习方法，包括练习、参观、演讲、写作等；评鉴性学习方法，如欣赏、创作、评论、研究等；交往性学习方法，包括模仿、暗示、讨论、访问等。班主任可以根据学生的年龄特点，就一些常用的方法进行经常性的训练，帮助他们提高学习效率。

③帮助学习成功的学生总结学习经验，推广科学的学习方法。如请班内优秀的学生现身说法，请高年级的学生传经送宝，组织学生开展学习方法交流，展示优秀的听课笔记、书面作业和课外阅读卡片等。

④加强与科任教师的交流和沟通，促使各科教师在教学过程中有目的、有意识地教会学生不同学科学习的方法。

第六，培养学生良好的学习习惯。习惯是一种稳定的品质，它决定学习的成败。好的学习习惯是取得优良学习成绩的保证。对中学生，要教会他们定量学习、专心致志，认真思考，先复习，后作业，养成随时注意应用所学知识的习惯。

第七，帮助学生树立学习信心。学习信心是影响学生学习的非智力因素。如果学生对自己的学习充满信心，他就会全身心地投入学习中。但是，无论是学习成绩好还是学习成绩差的学生，都会因为学习压力而失去学习信心，特别是学习困难的学生更容易失去自信，班主任要想办法帮助他们树立自信。自信是一个人获得成功的必要前提。

第三，支持、协助科任教师搞好各科教学，帮助全班学生学好教学计划规定的所有课程。

班主任既是科任教师的合作伙伴，又是班级科任教师的带头人。一个班级科任教师的教学工作开展得是否顺利、班级教学质量的高低，班主任起着至关重要的作用。①班主任要通过制定严明的班规班纪、建立良好的班风学风使得科任教师的教学能正常、有序、高效地开展；②班主任应主动加强与科任教师的沟通，就班级的状况，学生在学业、情绪等各方面的变化及时与科任教师通气，以便科任教师能及时掌握学生的情况，做到因材施教；③班主任要主动征求科任教师对班级工作的意见和建议，并取得他们的支持和配合；④班主任可以主动邀请科任教师参加班级活动，帮助科任教师树立威信、赢得学生的尊敬和爱戴；⑤班主任对待主科和副科教师要一视同仁。

3. 班级德育管理

德育在学生的全面发展和班级管理中起着方向、动力和保证作用。学校德育的途径有很多，如思想品德课、学科教学、团队学生会工作、课外活动、校外活动等等。学校的思想品德课主要是让学生接受系统的思想道德教育，包括提高道德认识、培养道德情感、锻炼道德意志、训练道德行为。学科教学可以让学生在学习相关的知识和技能的同时，接受科学的态度、健康的情感和正确价值观的教育。然而，学生道德品质的形成不能仅靠课堂教学，还必须有生活的支持。良好的习惯是在生活实践中养成的，高尚的品德是在实践一定的道德认识、体验一定的道德情感、操练一定的道德行为的过程中逐渐形成的。因此，在思想品德课和各科教学以外，学生践行道德活动、过道德生活，需要班主任的有效管理和指导。更何况，课外活动、校外活动等都必须通过班主任才能有效实施，即使是团队活动、家庭教育，如果没有班主任的组织、配合和指导，也很难取得应有的效果。

因此，德育管理是班级管理不可缺少的内容，是班主任的基本职责。其内容主要包括以下三点。

第一，全面理解并充分发挥德育目标在班级管理中的作用，保证德育目标在班级组织管理工作中得到实施。

第二，依据德育目标创造性地设计和组织班级德育活动，使班级德育活动既有序列、有层次，又丰富多彩、生动活泼，使学生真正成为德育活动的主人。

第三，形成教育合力，优化班级德育环境。德育环境在学生思想品德发展中起着重要的作用，努力形成内外协调的、和谐的教育环境，并将学校、社会、家庭和班级内部的各种教育力量形成强大的合力，促进学生思想品德健康发展。

4. 班级体育卫生管理

健康的身体是学生学习和生活的基础和保证。由于受应试教育的影响，学校体育活动常常被忽视，只看重成绩和分数。有些教师总认为，让学生搞体育活动会浪费时间。其实，"磨刀不误砍柴工"，体育不仅可以使学生锻炼身体，增强体质，增强身体机能，而且有助于学生提高学习效率。体育的价值远远不在于体育本身。做好班级体育卫生管理工作，指导学生学会健体，是班主任的重要职责，是班级管理的重要内容。

5. 课外活动管理

课外活动是学校在课堂教学以外，有目的、有计划、有组织地对学生进行的多种多样的教育活动。课外活动对丰富学生的校园生活、培养学生的团队合作精神、锻炼学生的意志品质、拓宽学生的视野、培养学生的创新能力都有着积极的影响。而且，在学生学习压力加大、学习竞争激烈的情况下，积极有效地开展课外活动，还有助于帮助学生缓解学习压力，提高学习效率，对提高学业成绩起到事半功倍的效果。

6. 安全教育

安全教育是班主任必须予以高度重视的班级日常管理工作之一。中学安全教育的主要内容如下。

①在班级日常管理工作中渗透安全、法规教育，增强学生的安全意识，预防意外事故的发生。

②结合思想品德课程，开展交通安全法规的教育，提高遵守交通规则的自觉性。

③结合班级工作，开展系列活动，提高学生生活、自防、自救的能力。

7. 学习环境管理

环境对人的影响是巨大的，正所谓"蓬生麻中，不扶自直；白沙在涅，与之俱黑"。学习环境对学生的学习及行为的影响不容忽视。良好的学习环境之于学生犹如肥沃的土壤之于种子，再优良的种子如果没有肥沃的土壤也难以生根发芽、开花结果。苏霍姆林斯基曾经形象地比喻说："太强调种子的优劣时，会忘了先耕地，这样撒下的种子喂了麻雀，种子就无法得以成长。"

学习环境可以分为校外环境和校内环境、物理环境和心理环境等。校外环境如一定区域的民风民俗、气候状况、社会的大众传播媒介、家庭环境等，都会对学生的学习和行为产生影响。研究发现，在父母不和、经常打闹的家庭中生活的孩子，在学校会经常表现得或孤僻退缩，或烦躁不安，甚至挑衅滋事。家庭教养方式有问题或者家庭教育与学校教育有冲突也会对学生的行为产生不良影响。

学校的管理制度、人际关系、管理状况、建筑色彩、建筑风格、环境卫生状况等，都属于校内环境，对学生的学习和成长的影响是不言而喻的。如学校人际关系状况好，师生、生生能和谐相处，教师敬业爱生，关心学生的学习和情感体验，就能感化学生，减少学生问题行为的发生，促进学生愉快学习，提高学习效率；反之，就可能导致师生对抗。为此，学习环境管理也是班主任班级管理工作中不可缺少的内容。

8. 班内偶发事件的处理

偶发事件是指教育过程中出现的事先没有预料到、出现频率较低，但必须迅速做出反应、加以特殊处理的事件。对偶发事件，如果处理得好，可能变坏事为好事，对全班起到积极的教育作用；如果处理不好，可能给班级管理带来危害。因此，班级管理中对偶发事件的处理成为班主任必须认真思考并加以解决的问题。

偶然性是指事件的发生出乎人们的意料，出现的频率要比常规管理中遇到的问题低得多。突发性是指偶发事件常常是一种特殊的遭遇，和社会上的重大事件、学生家庭的重大变故或学生本人的意外境遇联系在一起，在教师缺乏足够思想准备的情况下突然发生。爆炸性是指偶发事件一旦发生就会在班集体和学生中造成爆炸性效应。紧迫性是指发生偶发事件要求班主任当机立断，抓住时机，妥善解决。偶发事件的处理需要班主任高度的教育机智。

（二）班级管理的过程与方法

班级管理的一般过程有计划、实施、检查总结等几个环节。

1. 制订班级管理计划

（1）班级管理计划的意义

计划是一切管理工作的起始环节。班级管理计划是班主任对一段时间内班级管理工作进行的整体规划和设计，它是班级管理活动的起点，对班级管理工作的各个环节起着导向作用。班级管理计划可以使班主任对班级工作心中有数，目的明确，措施具体，这是搞好班级工作的前提。通过班级管理计划可以使班主任工作变得有条理、具体化、可操作性强，也便于班主任对班级工作进行对照检查，反思总结，积累经验，不断提高班级管理水平。没有管理计划，班级管理工作很可能陷入混乱状态，班主任就很可能成为"救火队长"，事事仓促，穷于应付。

（2）制订班级管理计划的要求

制订一份好的班级管理计划要遵循以下要求。

①坚持"以学生为本"的素质教育理念，遵循学生身心发展的阶段特点和规律

有什么样的理念就会有什么样的行为。无论我们承认与否，班主任的教育行为总是受一定的教育理念支配的。制订一份科学的班级管理计划，班主任要有正确的教育思想，坚持"以学生为本"的素质教育理念，通过班级管理促进学生健康成长。学生身心发展的阶段特点和规律，是班级管理工作的重要依据。班级管理的目标、班级活动的设计、班级管理工作的措施等，都要充分考虑学生年龄特征。

②参照有关政策规定和学校的工作安排

与学生成长和学校教育工作有关的政策规定是班级管理计划的重要依据。学校的工作计划、安排、任务和要求，如大型的集体活动、纪念活动等都应该体现在班级管理计划之中，并且不与计划中的其他项目发生冲突。

③有明确、具体和可行的目标

目标是计划的核心，没有目标的计划就是没有灵魂的计划，也是没有意义的计划。班级管理目标是班级组织为了实现学校的目标和任务，从本班实际出发所确定的班级管理活动要达到的理想状态或预期结果。班级管理目标是班级管理计划的核心，只有明确了班级

管理所要达到的预期结果，班级工作才有方向，才能有的放矢。班级目标必须具体、明确、可行。如果目标是笼统、抽象、无法实现的，整个计划也就失去了意义。

④符合班级实际情况

为了保证班级管理计划切实可行，班级管理计划必须有针对性，符合本班的实际情况。在教育中，一切努力都是为了学生的发展，但具体到一个班级的学生能够获得这样的发展，是由他们的实际条件和现有水平决定的。所以，班级管理计划的可行性取决于计划与班级实际的吻合度。

⑤发挥学生的主体作用

班级管理计划的制订虽然是由班主任负责的，但计划实施的主体是学生。所以，制订班级管理计划要避免班主任一个人闭门造车或想当然，要充分发挥学生的主体作用，发动班干部和学生充分讨论，把学生的需要和关心的问题汇总起来，让学生以班级主人的身份为班级活动出谋划策，最终，将教师和学生商量的结果体现在计划中。

（3）班级管理计划的内容

一份完整的班级管理计划一般包括的内容有本班基本情况分析、指导思想、管理目标、主要工作（包括思想品德教育、提高学业成绩工作、共青团或少先队工作、文体与科技活动、卫生保健工作、家长工作等多方面）、班级活动安排等。

班级管理计划分学期计划和具体活动计划两种。学期计划是对本班一个学期工作的总体设计，要详细、全面、严谨、完整，要把班级管理的目标与要求、任务与措施有机地统一起来。具体活动计划可以不像学期计划那样详尽，但要把活动的目的、要求、活动内容、活动的时间、地点、人员安排、活动的准备、注意事项等都一一明确，以便操作执行。

2. 实施班级管理计划

班级管理计划制订之后，班主任要组织、带领全班同学，按照计划的安排实施一定的班级管理任务，开展一系列的班级活动，以实现班级管理目标。

班级管理计划在实施过程中，班主任要巧妙地运用各种工作方法，加强组织、指导、协调工作，充分发挥学生的主体作用，促进班级目标的实现。

在班级管理计划实施过程中，班主任要遵循以下工作原则。

（1）持之以恒，严格执行有关工作制度

班级管理，特别是常规管理的主要目的是维护班级良好的运行秩序，使学生养成良好的行为习惯。而习惯的养成来自"时间"，没有切实可行的规章制度的约束，便没有长期一贯的坚持执行，没有一视同仁的严格要求，良好的习惯养成就会落空。

（2）防患于未然，把问题解决在萌芽状态

在班级稳定运行过程中，经常会出现一些背离目标的苗头、偏离正常轨道的趋向和意想不到的突发事件。班主任要及时发现，并进行有效的调整。为此，班主任要掌握一定的诊断技术，做到明察秋毫。如班级气氛和舆论的变化，本来很活跃的学生，突然变得很沉闷；班级公益性服务工作突然中断；纪律状况突然变得不如以前；个别学生的行为模式出现明显的反差；等等。这些都预示着班级内部有了"问题"，亟须矫正。班主任要善于发现问题，并寻找问题的根源，明确问题的性质，协调有关教师和学生一起，采取有效的办法及时解决，把问题消灭在萌芽状态。

（3）重视激励，使每个学生都能保持向上的发展态势

管理的最高境界是最大限度地激活每个成员的发展动力。在班级管理活动中要善于运用激励手段，经常给学生鼓励、加油，让班级成员团结协作，共同发展，保持良好的发展状态。

（4）善于协调，使各项工作和活动井然有序地开展

班级工作开展过程中，班干部之间、班干部和同学之间、同学与同学之间有时会因为观点不同、思路各异而发生争执，有时也会因为具体工作在时间和人力方面"争抢资源"而导致冲突，有时还会因为利益问题而产生矛盾，常规性工作也常常因为大型活动的开展而受到干扰，这就需要班主任善于发现矛盾，及时进行协调，消除大家的误解，让同学们顾大局、识大体，求同存异。

（5）精心设计，让每一项活动都能促进学生的健康成长

班级管理和班级活动，切不可为管理而管理，为活动而活动，要把"育人"作为基本的出发点和归宿，一切为了学生，为了学生的一切，为了一切学生。要防止"形式主义"和"花架子"挤占学生的时间和空间，让班级真正成为学生健康成长的乐园。

（6）适时指导，使每一项工作都尽可能成功有效

学生是成长中的人，班级管理中总会出现这样那样的问题，班主任要满腔热情地给予指导和帮助。从某种意义上说，班主任实实在在的指导和帮助比简单地提要求、严格的检查和严厉的批评更有"人情味"，也更容易产生良好的教育和管理效果。管理就是服务，而不是命令和监督，这一思想应该贯穿班级工作的始终。

3. 做好班级管理计划实施情况的检查和总结

做好计划实施情况的检查和总结是管理工作的重要环节。

班级管理工作的检查要贯穿班级工作的全过程。通过检查可以提高学生工作的积极性，督促各项工作有效地开展，也有助于班主任及时发现问题、纠正偏差、化解矛盾、消

除隐患。检查要日常检查和阶段性检查相结合、全面检查和专项检查相结合。

班级管理工作的总结是班级一个周期工作中的最后一个环节，具有承前启后的作用。班主任要根据检查获得的信息，及时总结计划实施的效果，找到管理成功或失败的原因，对自己的工作方法进行反思，探索适合本班实际的管理措施和教育方法，为完善下一步的工作计划做好准备。

总结的方式有两种：一是班主任个人撰写班级工作总结报告；二是召开班级工作总结会。

班主任撰写总结报告要对照工作计划，实事求是地分析各项工作完成情况，既肯定成绩又看到不足，更要诊断存在问题的原因，并有针对性地提出改进工作的措施和未来工作的设想，避免报喜不报忧，回避矛盾，掩盖问题。

召开班级工作总结会是对全班同学进行教育的好形式。在总结会上，班主任要对班级工作情况进行全面总结，肯定成绩，提出问题，对好人好事进行表扬、奖励，对问题提出批评和限期改正的要求，明确今后努力的方向。

第二节 班集体及其特征

一、班集体的内涵及其特征

（一）班集体的内涵

班级和班集体是两个经常使用但又容易混淆的概念。

班级是学校开展教育教学活动的基层组织，是以青少年学生为主体，以社会化的学习和交往活动为特征的教育社会。学生在班级里上课、交往、参加各种课外活动，度过在学校的大部分时间。每个学生都与班级紧密联系在一起，班级是影响学生成长的重要因素。

集体是一个正式群体，是为了实现一定的社会目标而严密组织起来的有纪律、有向心力和凝聚力的群体。集体和群体相比，集体的目标更明确，组织更严密，纪律性更强。并非任何群体都是集体，只有具有高度团结、高水平的整合能力和高度的组织能力的群体才能称为集体。因此，一个班级需要经过一定的发展时期才能成为一个集体。管理心理学认为，集体是群体发展的最高层次。在集体中，成员之间彼此建立稳定合作和相互友爱的关系。由此可见，班级并不都是班集体。班级只是一个有组织的学生正式群体，班集体是班级群体的高级形式。

所谓班集体是由于目标一致、行动一致而结合起来的有一定组织纪律，有坚强核心和健康舆论，全面完成教育教学任务的群体。也就是说，只有那些具备共同的奋斗目标、良好的人际关系、健全的组织机构、正确的舆论、自觉的纪律、活动效果较好的班级，才能称为班集体。而那些组织纪律涣散、松弛的班级是不能称作"班集体"的。

（二）班集体的特征

1. 共同的奋斗目标

目标具有指引和激励的作用。一个优秀的班集体能够依据国家教育方针，结合学校工作要求，联系班级的实际情况，确定本班在不同时期的奋斗目标，每个学生都把班级目标内化为自己的目标，实现个人目标和班级目标的统一，并以此来推动大家共同参加活动，使班集体有共同而明确的发展方向。共同的目标是班集体结构中的第一要素。

2. 良好的人际关系

学生之间的人际关系是集体形成的基石。一个优秀的班集体总是会通过班级的共同活动来建立、巩固和发展师生之间、生生之间良好的人际关系。这种关系表现为：师生民主平等、关系融洽，学生之间真诚相处、团结友爱、互帮互助。在这样的集体里，成员之间人格上平等，信念上一致，具有集体荣誉感和自豪感，不同个性的学生能相容相悦，身处这样的集体能获得愉悦的情感体验。

3. 健全的组织机构

每个班级都有组织机构，如班委会、团支部等，它是班集体的核心，通过这个核心，把班级的每个成员组织起来。班委会由全班同学民主产生，班内重大事情由学生全体会议集体讨论决定。要建设良好的班集体，需要班主任发现、培养一批品学兼优的积极分子，挑选一批具有领导才能的学生担任班干部。班干部是班集体建设的支柱，是班级工作和班级目标的实践者，是班主任的工作助手。班干部应该由作风正派、愿为同学服务、群众基础好、有一定组织和活动能力的同学来担任。

4. 自觉遵守纪律

没有纪律约束的集体是松散的、涣散的。优秀的班集体能够自觉地遵守《中学生守则》、学生日常行为规范等各项规章制度，有良好的课堂秩序。学生在校外能遵守社会公德，维护公共秩序。班级的每个成员都能关心集体、爱护集体、遵守集体的规范，通力合作为集体争荣誉，为了集体的利益，能做到令行禁止。

5. 正确的舆论导向

班集体舆论是在班级中形成的、为大多数学生赞同的意见和思维取向。健康正确的舆论具有强大的感召力和影响力，会成为学生发展的精神力量，使学生在潜移默化中受到感染和熏陶。优秀的班集体能形成健康正确的班级舆论，大部分同学在重大事情上能明辨是非、善恶、美丑，正确的言行在班内得到支持和发扬，错误的东西受到抵制，正气在班级中占主导地位，即所谓"风气很正"。

6. 效果良好的班集体活动

适当的班级活动既能锻炼学生的活动能力，增长学生的知识，也能增强班级同学之间的团结和友谊，有利于建设蓬勃向上的班集体氛围。积极健康的班集体活动也是加强学生思想品德教育、培养学生集体主义精神的重要途径。优秀的班集体，除了正常的教学活动以外，还能积极组织各种有意义的课外活动和社会实践活动。

以上六方面在构成班集体中各自发挥着独特的作用。集体目标是导向，人际关系是基础，组织结构是骨架，舆论和纪律是保证，活动是目标实现的途径和手段，它们相互制约、相互促进，形成结果完整的统一体。

二、班集体的发展阶段及教育功能

（一）班集体的发展阶段

1. 班级松散群体阶段

这是班级组成的初级阶段。班级成员初进学校班级，彼此不了解，缺少联系，学生的交往活动带有探索的性质；彼此不太会暴露真实的思想，各个学生是孤立的个体，班级成员之间处于新奇和互相观察状态；成员对班级的目标和活动，还没有一致的认识和主动的行为，班集体还没有奋斗方向；班集体的骨干核心还没有形成，大多数活动由班主任直接指挥，有纪律规范要求，基本处于"他律"阶段。这个阶段的班级活动与工作均来自教师和学生的外部要求。在班级的组织工作方面基本上是依靠行政手段，指定临时班干部来开展各种活动。班集体对成员还没有吸引力，表面上既无争论，也无共同的意见和一致的态度。整个班集体是松散的。

2. 组织班群体阶段

这个阶段在班主任的领导下，建立了正式的班级委员会，原来的临时班干部有的被认可进入正式的组织机构，有的则因为不能发挥作用而被其他同学取代。班级里的各种组织机构已经建立并完善起来；班干部在班主任指导下，开始发挥组织管理作用；学生在班级中的地位和作用开始分化，出现了各种活动的积极分子，能帮助班主任积极地开展工作；

班级制订了计划，有了比较明确的奋斗目标，各项工作和活动逐步开展起来；班级成员之间，经过一段时间的接触和了解，学生在自然和个性因素的基础上，有了比较密切的交往圈，形成了分散的伙伴群；班级中开始出现不同的意见和争论。这个阶段，整个班级已走上正轨。

3. 初级班集体阶段

在这个阶段，班级成员之间交往进一步发展，越来越多的班级同学之间有了共同的语言和思想，班级的伙伴群开始出现了扩大和联合的趋势；班级中的学生干部和班级先进分子的核心人物开始显现，班级的"核心层"开始形成，他们开始带领班级同学提出符合社会和学校要求的班级建设目标，并开展各种活动；班级大多数学生对班级发展的基本问题形成了比较一致的意见和态度，在健全班级组织机构的基础上，班级各种活动中产生了班规和舆论以及相应的特色。这时候需要注意对班级中一些后进生的教育工作。这个阶段班集体的形象初具轮廓。

4. 成熟班集体阶段

在这个阶段，班集体的核心和骨干力量比较充分地发挥作用，能主动地、有计划地开展工作，在许多日常的班集体工作和活动中，班主任已经退到了工作的第二线；良好的纪律、舆论、班风已经形成；团结气氛浓厚，班集体的成员有了较强的归属感；班集体的奋斗目标一步一步得到实现。班集体已经形成一个整体。

5. 优秀班集体阶段

在这个阶段，班集体的目标是高级阶段的集体目标，它与社会需要相一致，以集体主义为导向，为集体的成员设计个性发展的蓝图，使每一个人都能在共同目标中找到自己独特的坐标；班集体的组织机构健全而有威望，真正成为集体的核心和凝聚力量，对内对外都有较强的协调作用；班集体的核心、骨干力量进一步扩大，集体的大多数学生都成了创建班集体的积极分子，具有主人翁的意识，充满了自豪感；班集体的共同活动获得自觉的性质，具有自主性和创造性的活动强烈吸引班集体的成员，每个学生在活动中都有自己满意的角色位置，为每个学生的个性发展创造良好的条件，活动作为载体在推动优秀班集体形成发展中发挥着重要作用；班集体的纪律规范不仅人人遵守，而且主动维护，集体的规范和价值标准作为个体的参照标准和行为指南，每个成员能够在集体期望的背景下，对自己提出自我教育的要求，并扮演成功的角色；班集体人际关系稳定和谐，积极奋发向上，具有竞争合作的良好人际氛围；班集体舆论健康积极，与社会主义核心价值观协调一致，集体具有很强的凝聚力；班集体各方面的业绩突出，优良班风巩固，并形成了传统，在年级和学校中发挥积极作用和影响，成为学校各班学习的榜样。由此，班集体达到了优秀的高层次阶段。

班集体形成发展的五个阶段揭示了班集体形成发展过程中，班集体的目标认同、班集体的成员关系、组织结构状况、班集体的活动和影响力等方面在不同阶段的发展程度和水平，为我们展现了班集体的形成、发展、成熟的规律。班主任要把握班集体运动的内在规律，针对不同阶段的班级和学生的实际情况不断地、适时地提出合理可行的教育要求和行为目标；要不断地抓好组织建设，对班级组织进行精心设计，包括要建立哪些专门组织、如何编组、如何配备班团干部等，以形成班集体的核心力量，通过适时的调整来健全组织机构，要围绕班集体的发展方向，组织内容丰富和有利于发挥学生才能的班级活动；要在班集体里不停地提出目标，并在目标形成的过程中，形成班集体特有的行为规范和集体舆论。班主任要善于通过班级管理中的常规工作和各个环节，开展教育活动，把政治思想教育和组织管理有机结合起来，把组织纪律落实到学生的行动中去。班集体的有效管理，可以激发学生的内在需要和积极的自我锻炼、自我教育的行动，引导班集体健康地发展。

（二）良好班集体的教育功能

良好的班集体一经形成，便具有十分重要的教育意义。具体言之，这种教育意义至少表现在以下四方面。

1. 形成良好的学习氛围，提高课堂教学效果

班集体明确的目标，能给学生带来学习动力，增强学生认真学习的责任感，形成良好的群体心理气氛，调动学生学习的积极性。又由于良好的班集体有良好的纪律，健康的舆论可以保证教师顺利地进行课堂教学，师生密切配合，能提高课堂教学效果。

2. 帮助学生树立正确的人生观和价值观

中学阶段是学生人生观和价值观形成的重要阶段。班集体通过班级的正确舆论和丰富多彩的活动，使学生对人生的价值和意义有正确的认识。

3. 促进学生的社会化

学校教育是个体从自然人成熟为社会人的重要手段。学校教育是学生社会化的重要阶段。学生从小学到初中到高中，随着生理、心理的变化，伴随班集体的舆论和各种活动，逐渐形成一定的思想、观点和分析问题、解决问题的能力。如，通过集体活动产生集体荣誉感；通过班集体活动和严明的纪律，形成遵守纪律的习惯；学生在班集体中随着个性的发展，会充当多种多样的社会角色，从而培养"角色变迁"的适应能力，获得适应社会生活的基本技能；通过各种社会实践活动，增强社会意识和社会责任感；等等。总之，良好的班集体会对学生的社会化起到积极的促进作用。

4. 为学生个性发展提供机会和条件

青少年时期是个性发展的关键时期。班集体可以为每个学生发现"自我",尝试自己的力量,找到自己的兴趣、爱好、才能的生长点,创造机遇和条件。在班集体中,多样化的学习科目可以造就各类学科的爱好者;课外科技活动可以激发学生创造发明的兴趣;体育活动和体育竞赛可以增强学生的体质,也使体育尖子大显身手;多姿多彩的文学艺术活动可以使文艺人才脱颖而出等,每个学生都能在班级这个大家庭中找到自己的位置,展示自己的个性才能。

好的班集体就像一个"家",是师生共同的精神家园。在这个"家"里,大家相互依存,互相关爱,密切合作,共同进步,愉快生活。

三、班集体的建设

(一)了解和研究学生

了解和研究学生是建立班集体的基础。班主任无论是接新班还是整顿乱班,都必须从了解和研究学生入手,这样才能根据学生、班级的实际情况,分阶段、分层次地确定班级发展的目标,制订出切实可行的班集体建设计划,从而分清轻重缓急,使班级工作有条不紊地进行,避免盲目和草率地对待工作。

了解和研究学生包括学生个人和学生集体两方面。了解学生个人的内容很多,包括学生的思想品德行为表现、学习状况、兴趣、爱好、特长、个性特征、健康状况、家庭情况及个人交友情况等等。了解学生集体包括以下方面:班级基本情况——全班人数,性别比例,学生来源,年龄组成,团、队员人数、姓名,学生中先进、中间、后进的分布状况等;班集体形成情况——班集体形成所处的阶段、特点,班级存在哪些团体,团体的核心人物是谁,团体对集体的影响,班级领导核心是否健全,同学关系,班集体舆论倾向,班风班貌等;班级学生思想状况和精神面貌;班级原有的教育基础,如采取过的主要教育措施和取得的效果,班级曾受到的表扬和批评;等等。

班主任了解和研究学生的主要方法有观察、谈话、访问、调查、分析书面材料(学生档案、班级记录、学生个人日记及作业等)。对所了解的情况,班主任都应做记录。记录可有各种方式,如写"班主任工作日记"、建立"学生情况记录卡"等。这也是总结经验、研究学生成长规律的重要依据。

班主任在了解和研究学生情况的过程中,要做到全面、系统、真实可靠,要有发展的观点,要持正确的态度,把了解和研究的过程变成与学生交友和对其进行教育的过程。班主任对学生满腔热情，以心交心，学生才能靠近教师，说出心底的话，把真实情况反映出来，从而使班主任了解和研究学生的工作收到实效。

（二）确定班集体建设目标

目标是一种黏合剂，它对正确行为具有引发、凝聚、激励作用，是个体活动的最高"调节器"。从某种意义上说，只有通过目标，班级才能形成真正的班集体。班集体建设目标是班级组织为实现学校的目标和任务，从本班实际出发所确定的班级组织管理所要达到的一种理想状态。班集体建设目标是班级发展的方向和动力。班集体建设目标的确定和实施是班级管理和建设的基本要素。有研究表明，只有当班级目标具体，有一定的难度，学生参与制定目标并为班级所接受时，班级才会有较高的发展水平。

班级建设目标可以分为近期目标、中期目标和远期目标，总体目标和个体发展目标，教学目标、教育目标和活动目标等不同的类型。当然，这些目标都统一在班集体建设的总目标之下。

班主任在接收一个新班以后，要通过各种渠道，采取多种形式对该班级的情况进行认真的分析，掌握第一手材料，提出较长远的奋斗目标；在不同的阶段要根据社会、学校、班级的不同情况，提出具体的阶段目标，通过目标凝聚来形成班集体。

班级目标的确立要有针对性、层次性和可行性。所谓针对性，就是要把学校关于班级管理的要求和本班的实际结合起来，既考虑学校发展的总体要求，又兼顾班级的个性差异；所谓层次性，就是班级目标要由低到高、由近及远、由具体到抽象，形成不同层次的相互联系、相互作用的目标体系；可行性是指所确立的目标既要考虑班级的发展需要，又要照顾学生的年龄特点和发展水平，使目标和学生的发展需求保持平衡，符合学生的"最近发展区"，能够吸引学生，并激发学生奋发向上的斗志，促进学生潜能的发挥。

目标的确定要由班主任和班干部或全体学生一起讨论完成。而且，提出的目标应该是具体的、可操作的、通过全体学生的努力可以达到的。目标的提出应该由易到难，实现一个目标以后，又提出一个新的更高的目标，推动集体不断向前发展。

在班级管理中，目标提出之后，要化作对集体和个人的要求，让集体和个人都明确应该做什么，不应该做什么，应该达到什么标准，使全体成员以一种积极进取的心态不断向目标方向努力。

（三）健全组织，培养班干部

1. 发现和培养积极分子

积极分子有多种类型，可以是全面发展的，也可以是单项突出的。教师要在了解学生的基础上，及时发现并选拔出能热心为集体服务、团结同学且具有一定组织协调和管理能力的学生干部。

2. 坚持公平公正原则

班干部的产生要做到公平、公开、民主、平等，杜绝开学后家长忙着出面"跑官""要官"的不良风气，让学生从小感受到民主的程序，行使民主的权利。

3. 班干部职数不妨多一点

学生群体跟成人社会不一样，成人社会讲求"精兵简政"，追求"金字塔式"的角色结构，但这种结构显然不利于学生社会化。学生群体的角色应该多样多量，给他们提供尽可能多的实践机会。

4. 班干部要采用轮值制

某种程度上说，班干部职数是班级的公共资源，全班同学都有平等地享有这项资源的权利，不能由少数同学"垄断"，出现"当班干部的总是班干部，当群众学生的总是群众学生"。

5. 对班干部要做到使用和培养相结合

班主任既要肯定学生干部的成绩，树立他们的威信，又要对他们严格要求，指出他们的不足，帮助他们提高工作能力。尤其要教育他们不能盛气凌人，要让他们知道"红花"与"绿叶"的关系。

6. 对班干部不能过于苛责

一般认为，对班干部应提出比普通学生更高的要求，这没有错。但是，班干部毕竟也是成长中的人，也有这样那样成长中的问题。班主任不能超越人的发展的阶段性，对班干部提出过高的要求。

第三节　班主任的角色定位

一、以班主任工作职责进行定位

（一）教育者角色

班主任作为日常思想道德教育和学生管理工作的主要实施者，其工作对象是学生，而不是成年人；工作目的是发展人，而不是控制人。因此，班主任的工作方式主要是教育，而不是管理。虽然教育离不开管理，且适当的管理可以促进教育，但教育并不等同于管理，因为教育和管理并不是一回事。教育的核心是发展，而管理的核心是秩序；教育以提升为手段，而管理以约束为手段；教育的目的在于灵魂转向，而管理的目的在于行为制约。教育者以人为本，关注学生的全面发展；而管理者以任务为本，关注工作的完成情况。所以，班主任首先是教育者，其次才是管理者，管理是为教育服务的。一方面，应坚持育人为本，德育优先。班主任应立德树人，引导学生形成正确的世界观、人生观、价值观；培养学生团结互助、诚实守信、遵纪守法、艰苦奋斗的良好品质；加强公民意识教育，树立社会主义民主法治、自由平等、公平正义理念，培养社会主义合格公民。要把德育渗透于教育教学的各个环节，贯穿学校教育、家庭教育和社会教育的各方面。另一方面，应坚持能力为重，全面发展。班主任要着力提高学生的学习能力、实践能力、创新能力，教育学生学会生存生活，学会做人做事。

（二）组织者角色

班级是学校的基本单位，是学生成长的摇篮，是班主任工作的基地。作为班级工作的组织者和班集体建设的指导者，班主任因班级的存在而存在，他既是一班之主任，又是班集体的一分子。苏联教育家苏霍姆林斯基曾指出：班集体是在共同的思想、共同的智力、共同的情感、共同的组织基础上建立起来的，是一种不可替代的教育资源，是学生成长最直接、最有影响力的课堂。一个深思熟虑的教师和班主任，总是力求在集体中创造一种热爱科学和渴求知识的氛围，只要"教育了集体，团结了集体，加强了集体，以后，集体自身就能成为很大的教育力量"。因此，班主任应以指导班级建设为契机，对学生实施集体教育，推动班集体共同成长。其实，小到班级座位编排，大到班级活动开展，班级组织与管理工作说起来容易，做起来却纷繁复杂。从时间上来看，从开学时的入学教育和组建班级，到毕业时的档案整理和升学教育等，时间跨度很长；从空间上来看，不管是课堂上的纪律管理还是课后的卫生检查，不管是校内的班级活动还是校外的社会实践，其工作范围非常宽泛。

（三）协调者角色

班主任工作的复杂性意味着要做好学生工作仅凭一己之力是不可能的，需要经常与科任教师和其他教职员工沟通，主动与学生家长、学生所在社区联系，努力形成教育合力。众所周知，学校、家庭及社会三者的地位与作用各不相同：家庭教育是基础，学校教育是主体，社会教育影响最广。因此，班主任既要做到内外协调、左右沟通、相互促进，成为沟通学校、家庭、社会的纽带，又要充分认识到学校、家庭和社会三者的不同地位与作用，在工作中有所侧重，使其相得益彰。一方面，在校内既要处理好与年级组长、教务处主任及副校长等上级领导的关系，做到"上情下达"和"下情上传"，又要协调好与科任教师、心理班主任、宿舍管理员等同级教职员工的关系，做到左右沟通、相互促进，争取他们的支持与配合。另一方面，还要处理好学生与班干部、学生与教师，以及学生与社团组织等各种关系。与家庭的联络，既可采取家访、电话、短信等"一对一"的方式，也可采用家长会、家长系列讲座、家长委员会、家长学校及学校开放日活动等"一对多"或"多对多"的方式。与社会的沟通，既可采取邀请模范人物、先进个人等来班级开展讲座等"引进来"的方式，也可采用组织学生去社区、企事业单位参与社会实践等"走出去"的方式。

（四）职业者角色

"作风正派、心理健康、为人师表"等选聘条件要求班主任身兼"公民""教师"和"班主任"等多重身份，在遵守相关法律法规的同时，更须遵守职业道德规范。为此，小到个人的言谈举止，大到工作中有效维护学生权益，都需要班主任在相关规定的框架下正确地行使权力和履行职责。一方面，班主任在工作中须遵守相关法律法规与职业道德规范，不得做出有违职业规定的行为；另一方面，班主任有权维护与公民、教师和班主任身份相应的合法权益。班主任可采取的维权途径有申诉、人事仲裁、行政复议及诉讼等。

（五）学习者角色

班主任并不是每个教师都能胜任的，要想成为一名合格的班主任，必须经过专门的训练，掌握系统的专业知识，具备熟练的专业技能。另外，社会信息化、经济全球化、价值多元化等也对班主任工作提出了新的挑战，学生成长的新情况、新特点和家庭背景的复杂化更增加了教育管理的难度。因此，班主任需要加强培训与学习，走向专业化，这既是班主任职业发展的方向，也是教育管理工作持续发展的现实诉求。一方面，班主任要学习理论，即学习新的教育管理理念，系统地掌握教育管理的相关理论。理论学习既可通过个人自学，也可通过参与培训学习。另一方面，班主任要在实践中学习，即在借鉴国内外优秀班主任实践经验的基础上，不断探索与创新班级管理的新理论与新方法。只有理论结合实践，知行合一，才能形成属于自己的教育智慧。

二、以班主任人际交往进行定位

（一）家长角色

开展班级工作，要以学生的健康成长为工作出发点，以学生的前途和发展为终极目标，让每一个学生得到珍视，个性得到发展，人生得到充实。在学生面前，班主任要扮演家长角色，以家长的身份出现在学生面前。教育学生时，语气要平和，态度要诚恳，方法要得当，正如父母在和子女对话一样，学生在这种状态下，紧张情绪必定会减轻许多，利于双方沟通。给学生细致入微的关心和爱护，以家长的身份关心每一名学生的学习、生活情况，培养他们良好的学习习惯和生活习惯。尤其是对那些成绩比较差，单亲家庭、离异家庭的学生或留守学生要给予更多的关爱。比如，夏天到了，班主任教学生如何防中暑、防溺水，告诉他们不要在烈日下行走、暴晒；春天来临，班主任教学生如何预防感冒，经常在办公室备一些感冒药，给学生熬制一些预防春季传染病的中草药；冬季到了，班主任提醒学生要穿暖和一些。让学生感受到自己的进步是"家长"的快乐，自己的健康成长是"家长"的幸福。

（二）校长角色

在学生家长面前，班主任应充当校长角色。处理学生之间发生的事，除了公平、公正、讲究方式之外，还要让学生信服、家长信服、社会信服，经得起家长、学校、社会的检验。在工作中，有些班主任将自己的手机号码、QQ号、微信号、电子信箱、博客都公布给学生家长，让他们随时随地都能联系到自己。无论家长打电话，还是直接到学校来访，班主任都持欢迎态度，先给他们倒水，再介绍学生情况，对家长提出的问题，热情细致地加以解答，以诚相待。时间长了，家长也就信任班主任，从而与班主任建立了亲密的关系，这无疑更有利于班级管理工作的开展。

（三）班长角色

班主任应时刻做到与班集体共荣辱。在学校面前，班主任代表的就是班级整个集体的形象。班主任要担任好班长角色，要在班级管理中，依据学校对学生提出的要求和规定，和学生一起制定班级学习制度、纪律规范、作息制度、生活规则。班主任要明确地告诉学生，每个班级成员的一言一行代表的不仅是个人，而是整个班集体。班主任和大家紧紧团结在一起，同参与、共活动，同学们的集体荣誉感会大大增强，能积极为班集体献计献策、出力流汗，这样的班级一定会朝着好的方向发展。

（四）学生角色

在科任教师面前，班主任就是班级学生中的一员，应站在学生的立场和角度与科任教师交流，向学校反映问题。比如，哪门学科的教师不注意研究新课程标准，讲课脱离教材内容，教学方法不得当，学生学习积极性不高，班主任就直接和学科教师沟通；某些教师布置的作业量大，加重了学生的负担，班主任就直言不讳地反映给该学科教师；有的教师批评学生时不注意方式和方法，伤了学生的自尊，影响了师生之间的感情，班主任就直接和教师交流，提醒他们注意方式，共同构建和谐的师生关系。学校组织考试，班主任也可以学生的身份，及时地将班级学生的考试情况，包括成绩、差距、经验、教训、学生失分的原因等细致地做出总结，以书面形式向学科教师说明，以便学科教师取长补短，改进教法，提高质量。当然，充当学生角色的班主任，还应虚心听取各科任教师对班级的意见，并努力做到让他们满意。实践证明，以学生的角度、学生的视野、学生的思维、学生的观点来思考和处理学科教学问题和师生关系，是最为行之有效的班级管理理念和方法。

三、社会学视角下班主任的角色定位

（一）班级工作的设计者

班主任作为班级工作和学生发展的设计者，应以学生社会化为工作目标，以教育社会化为工作导向，以社会学和社会心理学为理论方法，将教育社会化的思想融入班级工作和学生工作的方方面面，并做出计划和构思。班主任作为班级工作的设计者，是社会化目标长期性和综合性的要求。社会化是一种长期的、综合性的教育目标，在教育实践中常常要求模拟社会情境，对前期计划、现场控制、后期总结的要求非常高。无计划、不设计的工作方式会造成班主任工作的杂乱无章、重点不明、目标模糊等问题。因此，工作设计成为教育社会化视角下班主任的一项非常重要的工作。

（二）班级事务的领导者

班级事务的领导者是指班主任在班级事务中，既要发挥教育、指导的作用，又要避免过度参与具体的执行和管理，因此，合适的角色应该是领导者。班主任应是班级事务的领导者，有两方面的原因。一是使学生代替教师成为班级事务的主要执行和管理者，是实现教育社会化目标的要求。学生进入社会之后，面临的工作环境往往是为实现某一目标而建立的社会组织，要在这样的组织中生存乃至取得更好的发展和晋升，必须具备人际交往能力、与他人合作的能力、自我管理能力等，这些能力是社会发展的重要部分，需要在群体组织事务中得到锻炼和发展。二是学生并不是真正成熟的社会个体，班主任不能完全放弃参与班级事务，而应该对学生的行为做出引导和纠正，以保证学生社会化发展的正确方向，促进其社会化发展的进程。因此，班主任需要成为班级事务的领导者。

（三）班级社会的模范成员

班主任作为班级社会的模范成员有两层意思：一是作为班级社会的成员，与其他成员是民主平等的关系；二是班主任应当成为模范的成员，对其他成员形成良好的社会示范。一方面，班主任与学生的平等民主关系是教育社会化的要求。现代社会是民主社会，学生进入社会后，面临的人际关系主要是平等关系。这种关系有利有弊。个体既需要自我决策和自我约束，无法由他人替代决定和加以管束，同时也具备更大的自由度，有了更多表达和实施自我意愿的机会。在传统的班主任角色下，很多学生在脱离学校和家庭的约束和保护之后，可能面临无法自我决策、缺乏自我约束能力或者不懂得争取自己的正当权利、压抑自己的意愿等困境。独立、平等、民主的人际关系也需要训练，班主任应重新审视与学生的关系，在班级中形成平等民主的氛围，以训练学生适应和处理这种人际关系的能力。另一方面，学生作为尚不具备良好社会功能的个体，如何表达自己的意愿、争取自己的权利、约束自己的行为、做出正确的决策等，都需要一个具有良好社会性的个体进行引导，班主任就是最合适的模范人物。

（四）班级社会活动的对外联系人

班级社会的对外联系人是指班主任应该关注班级和社会需求，与外界保持联系。班主任对外联系的角色是教育社会化的要求。学生进入社会后，最重要的社会适应能力就是融入社会、参与社会活动的能力。这样的能力需要在真实的社会环境中进行训练和培养，因此，使更多的社会力量参与到教育中来，使班级更多地接触社会、参与社会活动、进行社会互动是满足教育社会化要求的不二选择。但是，学生作为"准社会人"，尚不具备完全独立地进行社会活动的能力，主要体现在：没有足够的人脉关系和消息源；能力、判断力不足，缺乏关于社会规则和社会关系的知识；身心上还处于弱势地位，不完全具备自我保护的能力。由于长期以来的社会传统意识，社会不太理解学生参与社会活动的意义，会采取轻视和忽略的态度。班主任就应充当班级的对外联络人，使班级的社会活动顺利进行。

四、精神关怀视角下班主任的角色定位

（一）精神关怀的价值意蕴

第一，班主任要学会精神关怀。我国学者班华对于班主任作为学生的精神关怀者有专门的论述。他认为，班主任最根本的教育理念、最重要的教育品质就是对学生的精神关怀。精神关怀内容广泛，其中，关心、理解、尊重、信任是关怀情感的基本表现，也是学生基本的精神需求。作为班主任，要学会关心、理解、尊重、信任学生。关心与理解是紧密联系的，在关心中获得理解，理解学生才能善待学生；关心以尊重为前提，也是尊重的表现；信任也是尊重的一种表现，尊重与信任学生会给他们带来愉快的体验。

第二，精神关怀是学生成长的需要。学生的成长过程是身体发育和精神发育的过程。学生的精神发育需要一个稳定的、适宜的、和谐的环境。学生成长过程中出现的心理偏差，需要精神关怀去发现和矫正；学生的心理创伤，需要精神关怀去抚平。目前，就家庭教育来说，存在过分重视物质需要、对孩子学业期待过高和对学校教育过分依赖等现象；就社会教育而言，存在追求多元化、社会教育意识缺失等问题。这些问题给学生带来了难以回避的负面影响，对学校教育提出了更高的要求，学生对精神关怀的需求显得尤为突出。

第三，精神关怀是班主任专业化的需要。精神关怀不仅是班主任专业工作的核心内容，更是班主任专业化的核心内容。从外在的日常教育活动的层次看，班主任的工作是组织、教育、管理班级学生；从内在的深层次看，班主任是学生的精神关怀者。班主任要关心学生的全面发展，而关心学生的精神生活和精神发展是其核心部分。

（二）从知识关怀到精神关怀

班主任要成为学生的精神关怀者，就要从对学生的知识关怀转向精神关怀，从知识本位的教育转向人本位的教育。班主任不仅要关心学生的学习成绩，关心他们的生活状况，更要关心学生的内心世界，关心他们的情感、情绪及精神生活。哲学家雅斯贝尔斯认为，教育过程首先是一个精神成长过程。确实，教育过程首先是一个精神成长过程，然后才成为科学获知过程的一部分。在应试教育还在顽固地影响人们的选择，学校的课程设置过分强调知识、技能的大环境下，我们尤其要倡导教育的精神关怀。这与基础教育课程改革所倡导的理念是一致的，即让学生从学习知识、技能的过程中，使其情感、态度、价值观得到协调发展。

每个学生都有自己的发展优势。就智力发展而言，班主任应该据此提供合适的、具有差异的教育；就精神发展而言，教师应该给学生多一点鼓励，多一点期待，这对学生发展是极其重要的。对学生持有良好的期望，会帮助学生克服心理和现实的种种障碍，取得令人吃惊的成绩；反之，戴"有色眼镜"看学生，会对学生产生较强烈的"我不行"的心理暗示，从而影响学生身心健康发展。在班主任的工作实践中，有许多成功的做法和经验，如开展奖章评比活动，对暂时落后的学生"借一枚奖章给他"等，这些起到了激发学生积极性、自觉性的作用。无论何时，我们都应该树立这样一种信念：每个学生都具有发展的潜力，只要为他们提供合适的教育，每个人都会获得成功的人生体验。教育是关注人的灵魂的一项事业。没有精神关怀，就没有真正的教育。班主任是一个特殊的教师群体，是学校中进行道德教育的主要承担者，因此，必须学会精神关怀，把教育的智慧与艺术贯穿日常工作的每一个细节中，培养出全面发展的人才。

（三）关心学生的心理健康

青少年正处于身心发展的重要时期，随着生理、心理的发育和发展，竞争压力逐渐增大，社会阅历的扩展及思维方式的变化，他们在学习、生活、人际交往和自我意识等方面可能产生各种心理问题。如果这些问题得不到及时解决，将会对学生产生不良的影响。因此，对学生进行心理健康教育，是班主任的重要任务之一。班主任要在日常生活和学习中关心学生的心理健康，为学生创设良好的心理氛围，维护学生的心理健康。

第一，要做学生心声的倾听者。班主任要耐心倾听学生的心声，使学生感到你是可以信赖的人，这样，就能使他们主动地进入谈话的角色中。师生之间应建立一种相互信赖、彼此坦诚的人际关系。这种互相信赖的关系，从第一次见面或谈话时就要注意培养。谈话中，班主任要表现出对学生所谈的问题感兴趣，注意听，而且听得懂。只有这样，班主任才能拥有打开学生内心世界的钥匙。

第二，对学生不良情绪进行调适。教师要善于对学生的不良情绪进行调适，使学生保持一种良好的心理状态。情绪就是几个小时、几天甚至几个星期持续地影响一个人的体验。基于各种原因，学生会产生悲观、焦虑、愤怒等不良情绪。对待学生的不良情绪，最好的办法是让他发泄出来，然后因势利导，使之放松心情，尽快进入学习状态。

第三，用爱滋润学生的心灵。青少年有一种积极向上的心理状态。班主任要有一颗爱学生的心，善于发现和把握他们心灵中闪光的东西，点燃他们自信心、自尊心的火种。每个人的身上既潜伏着自卑、虚荣、报复、破坏等恶的种子，也潜伏着宽容、理解、同情、关爱、友善的元素。如果缺乏爱的滋养，学生身上所潜伏的恶的种子就会无节制地疯长。

班主任的爱,可以滋润学生的心灵。

(四) 培养学生的关怀精神

班主任不仅要成为学生的精神关怀者,更要注意培养学生的关怀精神。因为现在的中学生大多是独生子女,他们时时刻刻被关注着、关怀着,这可能使他们以自我为中心,不会站在别人的角度考虑问题。所以,班主任要帮助学生走进他人的世界,学会关心他人。

第一,帮助学生走进同学的世界。一方面,要营造班级真诚对话的气氛。班主任要以一些特殊事件作为切入口,给学生之间创造真诚对话的机会。可以先让学生用写的方式表达自己的想法,这就减少了相互抱怨,让学生学会心平气和地交流。还可以建立班级的网上家园,或班级网页、班级博客,让每个学生在网上家园中相互了解、相互帮助。另一方面,通过开展班级活动,如班级讨论课、主题班会等,搭建真诚对话的平台。在讨论课上,教师要组织学生讨论遇到的一些事情,可以是刚刚发生的愉快的事,可以是同学之间发生的一些矛盾,可以是学习中遇到的困难等,帮助学生相互理解,激励学生帮助别人。不仅如此,班主任还可以通过行动强化对话意识,比如,让学生走近同桌,了解他的爱好、个性,学会和同桌相处。班主任可以布置任务:给周围的同学写评语,要求发现他人的优点;详细写下同学所做的让你感动的事;欣赏的同学的书面作业;完成一些需要合作的工作或者作业;等等。

第二,帮助学生走进教师的世界。要让他们发现:教师和自己的父母一样是平凡的人,他们和蔼可亲,无须畏惧。帮助学生走进教师的世界,可以先从走近班主任开始。班主任和学生走得近一些,可以给学生讲述自己的家庭,讲述自己的喜怒哀乐,让他们看见教师生活中真实的一面。此外,还要帮助学生走近科任教师。班主任不妨透露一些科任教师的业余爱好以及与教学无关的个人特长,满足学生对教师的好奇心。严厉一些的科任教师,学生大都有些害怕,但总有个别学生不但不怕而且喜欢教师,那就让全班知道个中原因,让大家都喜欢该任课教师。

第三,帮助学生走进父母的世界。一方面,要让学生了解自己的父母:父母小时候是怎么玩的?父母最喜欢的颜色是什么?父母最喜欢吃的食物是什么?他们是什么时候结婚的?虽然父母是你最亲近最熟悉的人,但是你会发现父母身上有着你不知道的世界;另一方面,要教会学生感谢父母,让学生不仅要把感激之情说出来,还要写出来、做出来。班主任可以安排学生完成一项特殊的作业:向爸爸妈妈说一声"我爱你"。不是仅说一次,而是要经常表达,让父母知道你爱他们。这样,学生会对父母有新的认识,和父母的关系也会更加融洽。在父亲节、母亲节的时候,要提醒学生给父母写一封信,感谢父母的养育之恩；在父母生日的时候，班主任要提醒学生买束鲜花、买张贺卡表达祝福。班主任还可以布置一项长期的家庭作业：为父母分担一些家务，哪怕是为父母端茶送水。通过这些做法，帮助学生走进父母的世界，体味父母那份最深沉、最永恒的情感。要知道，一个能够感激父母、感恩父母的人，才能热爱别人，热爱生活。

第四节　中华优秀传统文化融入班级管理

班级是学校活动的基本单位，班级管理是学校管理的基本组成部分。在中学班级管理过程中，融入中华优秀传统文化，既是时代的需要，也是当前教育界广泛关注的热点话题。优秀的班级管理可以促进学生人格的成长和心理的发育，还会提升学生的综合素养。

我国是传统文化大国，随着历史的进步与发展奠定了极为悠长的传统文化，我国传统文化思想中包含了较为丰富的文化精神，其体现的方式多种多样。在古代的发展中，传统文化思想被广泛运用在治理国家与推动国家发展进步的历史中，随着社会的不断发展与进步，传统文化更为沉淀，也成为现代人所追寻和学习的内容。在中学班级管理中，班主任也可以依照传统文化展开班级管理，促使学生全面成长与提升。

一、传统文化与班级管理相结合的策略

（一）参考法家思想搞好纪律

在班级管理中，要有良好的纪律管理方法与管理模式，班主任可以参考传统文化法家思想搞好班级纪律管理。中学生的成长背景不同，兴趣爱好也不相同，不同的成长环境与背景使得学生性格和习惯都不相同，中学班主任对学生进行管理的过程中，要有明确的班级管理目标，并根据学生的实际情况制定良好的管理制度，为学生明确在班级中要遵守的纪律要求。法家思想是古代治理国家所运用的文化内涵与文化思想，班主任在管理中要公平公正地对待学生，并落实奖罚分明的管理制度，确保每个学生都能够遵守班级的纪律，促使学生都能够规范自身行为，有良好的习惯。

例如，班主任在制定的班级管理条例时要明确什么事情可以做，什么事情不可以做，按照管理条例规范自身行为的学生会受到什么奖励，做了不能做的事情的学生会受到什么惩罚，学生要清楚地了解。教师也要促使学生明确为什么要遵守班级纪律，学生才能够更为高效地要求自己并规范自身的行为。例如，对待班级卫生管理，纪律中明确规定学生不可以在班级或者校园乱扔垃圾，每天的值日生也要将班级的卫生打扫干净，如若违反班级

纪律的学生就要连续做一周的值日生当作惩罚，教师也可以指定监管同学对班级卫生与同学进行监管，确保管理的公平公正，学生都能够严格规范自己的行为，保护班级卫生的干净整洁。

（二）参考儒家思想规范做人

传统文化中较为遵循儒家思想，儒家思想主要是以人为本，其主要传统文化精神就是齐家、治国、平天下，其主要理念要做一个有思想、有爱心、有担当的人，只有把人做好了才有更好的发展，中学生在学习阶段，学生的思想与智力都处于发展的过程中，教师利用儒家思想对学生进行管理教育，能够帮助学生树立正确的人生观与价值观，提高学生的责任心，还能够激发学生的爱心和耐心，学生与学生之间能够敬爱、互助等等，学生也要每天对自己的行为进行反省，并严格要求自己以后的行为，班主任作为学生的老师，也应该严格规范自身的行为，对学生充分地尊重，并用爱心去关怀学生，为学生做出良好的榜样，学生的心胸更加宽广，也能够产生强烈报效国家之心，更能够培养学生成为未来的国家栋梁。

例如，在实际班级管理过程中，班主任要对学生以爱心、尊重为主要的方式展开管理，对于学生之间发生的口角或者分歧，教师也要耐心引导学生。教师要让学生学会在口角之中反省自己，先认清自身有哪些错误，不要将眼睛看着别人，抓着别人的错误不放，而是应该先反省自身。班主任在对学生进行管理的过程中，也要了解学生的优点和缺点，对学生进行鼓励，利用正面评价对学生的缺点展开引导，这样的班级管理能够赢得学生的尊重和信任，班主任做到尊重与公平，学生之间更加团结，更能够为学生树立良好的班级风气，学生也能够养成谦虚、友善的行事风格。

另外，在对学生展开德育教学的过程中，教师与学生家长也要进行充分的沟通。学生在学校的时间有限，家长与学生相处的时间更多，家长也是学生的第一任启蒙教师，中学生在面对生活中琐碎的事情，更多的还是参照家长处理的方式进行模仿，家长的德育水平也会对学生产生较大的影响。部分家长认为学生到学校学习，培养学生的责任是教师的，与自己无关，这样的想法是错误的。班主任可以定期召开家长会，与家长进行沟通，促使家长明确其自身的行为会对学生产生直接的影响，增强家长德育的意识，家长能够规范自身的行为为学生做好德育学习的榜样，家长要与教师共同配合对学生展开教育，提高学生的德育水平。

（三）参考道家思想搞好管理

班主任也可以运用道家思想搞好管理。道家思想主要的代表为老子，其主要体现为一种管理的水平与能力，班主任在管理的过程中也要借着班级的管理工作内容培养学生的管理水平，重视在班级中培养优秀的管理班级干部。教师可以在班级管理中多设置一些班级干部的管理岗位，让学生以公开投票的形式进行竞选。一方面，学生能够对自己的行为进行约束与管理，还能够养成良好的行为习惯；另一方面，班级的风气良好，更适合学生的成长与发展。班主任也要关心每名学生的心理变化，与学生成为知心朋友，根据学生的性格与心理内容与学生沟通，教师还要规范自身的行为，成为学生学习的榜样。

在实际班级管理的过程中，教师可以竞选的方式选出班级的学习委员，学习委员可以有正、副两名学生共同担任管理班里的学习状况，还可以选出四个小组学习委员，四个小组的学习委员辅助班干部完成班级学习管理工作，每名学生都有竞选的资格，班级干部之间互相管理帮助，学生对班级干部进行监督，每三个月进行重新竞选，每名学生的学习热情都被激发，想要努力成为学习委员，学生学习的积极性被充分调动，良好的竞争风气也能够提高学生的自主学习性，从而养成良好的学习习惯。

（四）以艺术陶冶学生的情操

我国新课程改革中明确提出，教师一方面要对学生的知识内容进行教学，班主任还要为学生创设多彩丰富的学习环境，提高学生的艺术情感，丰富的艺术教学与校园环境能够对学生起到正面引导的作用，学生的艺术审美能力得到培养，还能够建立良好的思想品格，更能够推动学校文化特色的进步与发展。人的最高追求为精神世界，艺术陶冶的教学方式更能够丰富学生的精神世界，也能够丰富学生的内心情感。

在古代，琴棋书画、骑马射箭是人们所必须学习的技能，古代人的教育倡导全面发展，其教育思想也适用于现代。近几年，我国社会不断在发展与进步，对全面型人才需要逐渐增加，学生在学习的过程中也应该不断丰富自身的能力，班主任在班级教学的过程中也应该利用多彩的艺术性教学丰富学生的精神世界与业余生活，促使学生有健康的心理与学习状态，学生的心理更加健康地成长，也能够更为主动地学习自己感兴趣的艺术内容，在很大程度上能够提高班级管理的质量和效率，学生内心世界更加丰富充足，也能够为学生未来的发展打下良好的基础。

班主任可以为学生展开丰富的课外活动，例如，书法比赛、绘画比赛、朗诵比赛等，班主任要鼓励学生大胆参与，劳逸结合更利于学生拥有健康的心态，学生的身心能够健康成长。

中学生正处于叛逆阶段，会为班主任的管理增加一定的难度，班主任可以在管理中融入传统文化，对学生进行引导与教育，丰富管理方法与管理模式，更利于学生的身心健康成长。教师要根据学生的个性制定管理方法，全面对学生展开教育与管理。

二、以身作则，加强道德职业修养

我国伟大的教育学家孔子之所以被他的学生尊重，被后代的万世所敬仰，在很大程度上是因为孔子有着渊博的学识以及严谨的治学态度。孔子教授学生六义，即"礼、乐、射、御、书、数"这说明孔子在各方面都有很高的造诣。孔子提出的"不耻下问""三人行必有我师"完美地解释了什么是严谨治学。鉴于此，首先，教师作为班级的管理者，学生的指导者，一定要不断提高自身的教学水平，形成较高的专业素养和思想道德素质，成为学生学习的典范，学生心目中的道德楷模。从而在潜移默化中提升学生的素养，教会学生如何做人。当学生心中有了榜样和标杆，他们会不自觉地向教师看齐。其次，教师还要形成与学生的和谐关系，要与学生互相理解、宽容和尊重，这种新型的师生关系也会在一定程度上促进学生思想道德素质的提升。最后，教师在以身作则，提高自己职业修养的同时，还要严于律己，如此才能严格要求学生。如有些学生自控能力较差，除了给予他更多的关心与耐心，还要有严格的要求与监督，从而使学生不断地朝着自己的目标前进。当所有的学生都有了同样的道德标准，班级管理会更加轻松。

三、约之以礼，营造良性竞争环境

良性的竞争环境可以最大限度地调动学生的学习主动性和积极性，培养学生的创新精神，增强学生的实践能力，提高学生的成绩，最终还能增强班级的凝聚力。而这需要教师制定一定的规则，对学生"约之以礼"。例如，在班级管理过程中，教师要给学生树立竞争意识，鼓励学生寻找自己学习上的竞争对手，引导学生在竞争中形成积极向上的意识，增强学生的心理承受能力，最终使学生形成"约我以礼"的良好心理。另外教师还可以结合班级的实际情况，制定班级考核中应该拿到几星级班集体的目标；根据学生学习的实际情况，为学生制定学习目标，如在下次的考试中，应该前进多少名等。通过这种方式，学生在平时的学习中就会有严格的自我要求，他会有强烈的班级荣誉感，在班级管理中会竭尽全力。

四、和而不同，实现班级个性管理

在班级中，存在各种学生，但他们都有一个共同的目标，就是使班级得到更好的发展，这充分体现了"和而不同"的思想。因此，在班级管理中，教师可以借助"和而不同"来引导学生正确处理人际关系。要让学生认识到班级的和谐发展并不意味着要压制自己的个性，而是要发现师生之间、生生之间、班级与班级之间的差异，在个性发展的同时，实现个性与共性的统一。

此外，每个班都会有自己的班级文化，教师通常会很重视班级环境的打造。因此，许多教师在布置班级文化时会让学生直接买一些常见的字画，上面刻着千篇一律的名言警句，然后贴在班级的文化墙上。这些名言警句充分体现了教育的共性，在一定程度上这些名言可能会对学生有激励的作用，但它忽视了学生个性的发展。班级不同，班内的文化也就不同，这些重复的格言早已司空见惯，在学生眼里，它只是一种摆设，根本起不到任何的效果。学生才是这个班级的主体，在布置班级文化时，要充分发挥学生的主观能动性，让学生自己去创设自己班级的、富有特色的文化环境才能发挥良好的作用。"和而不同"，让学生从实际出发，充分地展示了班级的个性管理。

总而言之，通过儒家文化中"仁""礼"的思想来指导教师开展班级管理工作，可以打造奋发向上、友善团结的良好班级环境，同时还可以提高学生的思想道德素质，促进学生综合素养的提升。将中华优秀传统文化融入中学班级管理之中，对学生未来的学习和发展具有深远的教育价值及意义。

第五章

中华优秀传统文化与班级学习管理

第一节　班级学习管理

一、学生学习习惯的培养

（一）培养学生的良好学习习惯

学习习惯的好与坏，能够对学生的一生产生重要影响。学生年龄越小，则可塑性越强，青少年时期的学生可塑性很强，既容易形成好习惯，也容易形成坏习惯。因此，他们入学后，班级教育管理者首先要重视对他们良好学习习惯的培养。

1. 有序地收拾学习用品的习惯

收拾书包，摆放学习用品，看起来是学生生活中的一件小事，一般不被人们重视。其实，如果做不好，同样会影响学生的学习情绪，浪费学习时间，降低学习效率。他们在家里做完作业后，书本、笔摊在桌上，等家长去收拾。如果哪天家长没有做到，到了上学时，他们只得胡乱抓起书本往书包里塞。这样必定会形成丢三落四的坏习惯，更有甚者，有的上了初中，还要家长背着书包接送，这些问题会滋生学生无序行为习惯的产生，班级教育管理者应对他们的行为进行有效的纠正并培养良好的习惯。

（1）坚持让学生自己收拾学习用品

无论是在学校还是在家里，都坚持让学生自己收拾学习用品。这需要家长的密切配合，班级教育管理者要经常与家长取得联系，要求家长教育孩子在家里做完作业后，督促他们立即收拾好自己的学习用品。该放书包的放书包，该放书架的放书架，该摆在桌上的就摆在桌上。这样督促一段时间，学生就会逐步形成习惯。

（2）教会学生有次序地摆放学习用品

在学校，教师要教会学生有序地摆放学习用品，学生的学习用品无论是放在书架上、书桌上，还是书包里，都要按一定的顺序摆放好，便于随时查找。比如，按书本大小顺序或按学科顺序，教科书的书脊一律朝外。这样就一目了然，要什么书，要什么本子，随手一抽就好。不用时，应放回原位。这样，用起来方便，又节约时间。如果杂乱无章地放在一起，用的时候可能会翻遍书桌或书包，这样不仅浪费时间，而且还特别影响学习情绪，降低学习效率。

2. 有计划的学习习惯

一般来说，有计划地学习，要比无计划、随意地学习效率高、效果好。因为学习计划是学生在班级教育管理者的指导下，根据自己的实际情况对未来一段时间的学习内容、进度和达到的预期目标所做出的具体安排。学生有了学习计划，可以形成自我约束、自我追求预期目标的态度，因而会自觉地进行学习。

（1）指导学生合理地安排学习时间

班级教育管理者在指导学生制订学习计划时，应尽量体现出学生生活的规律性。学生什么时候学习，什么时候休息都要有明确的规定。该玩的时间就玩，该学的时间就学。天天如此，月月依旧。如果形成了习惯，到了学习的时间，他们就会自觉地丢下其他的事情，伏案学习功课。这样每天坚持在某一固定的时间内学习，就可以获得最佳的学习效果。

（2）指导学生合理地支配学习时间

班级教育管理者应对学生每学年需要实现的学习目标进行指导，通过对学习任务的细致划分，明确每学期、每月、每周，甚至每天需要学习什么，避免教学顺序的错乱——拿起数学，又想读英语，拿起英语，又想写作文。结果什么都学不好、做不好，时间就在这犹豫之中溜掉了。只要事先制订好计划，到了学习时间，就知道先学什么，后学什么，能大大提高学习效率。

（3）指导学生制定相应的检查制度

检查制度是督促学生按学习计划进行学习的重要方法。检查可以分多种方法进行：一是学生自查，要求学生每天对照计划内容检查自己是否完成了当天的学习任务；二是互查，每周每小组同学之间互相检查。三是抽查，班委会干部、班主任或科任教师不定期地抽查学生完成学习任务的情况。四是总结，每月全班总结一次，表扬、鼓励做得好的学生，督促、鞭策做得差的学生。这样坚持训练下去，学生就会逐步养成习惯。

3. 专心致志的学习习惯

当人的注意力高度集中时，大脑皮质中会形成一个兴奋中心，一切神经细胞都要以这个中心开展工作。在学习的过程中，随着注意力的集中，神经细胞就会尽可能地将其他干扰逐一排除，达到专心学习的目的。根据相关实践发现，学习成绩差的学生在智力上没有丝毫问题，有些甚至有着灵活的思维，不能集中注意力是学习成绩不理想的主要原因。因此，在培养学生学习习惯的过程中，应以集中注意力为着手点。

（1）激发学生的学习兴趣

每一位教师在教学中应做到以下两点：第一，应尽可能地提高教学内容对学生的吸引力，从而达到提高学生学习积极性的目的；第二，应善于加深学生对教学内容的理解，从而间接提高学生对教学内容的兴趣。比如，大多数学生在考试之前会有较高的学习效率，虽然他们并不对考试本身感兴趣，但对考试结果感兴趣，并清楚地知道考试结果的重要性，因此，他们会在心理上引导、规劝自己，促使自己将更多的时间与精力融入学习中。一般情况下，随着间接兴趣稳定性的不断提高，活动对象的注意力会保持得更长久。

（2）教授排除干扰的方法

有些学生的学习常常是在自己不感兴趣的情况下进行的，这时候的注意力就会受到外因和内因的干扰。比如，人在课堂上，心还沉浸在昨晚电视的剧情里；手在做作业，眼睛却被窗外的鸟叫声所吸引等。对于这种情况，教师可采取两种措施：一是通过引导使学生集中注意力；二是将有效排除干扰的方法传授给学生。比如，养成在听课时做笔记的好习惯，在做笔记的过程中，保持手与脑的活跃。当全心全力地进入学习状态后，集中的注意力将很难受到外界干扰。

培养学生的学习习惯，就要保证学生在学习的过程中能够将干扰因素全部排除，集中注意力，学的时候就认真地学，玩的时候就痛快地玩。如果学时又想玩，玩时又想学，其结果是学也没学好，玩也没玩好，而且白白浪费了时间。

4. 勤思善问的学习习惯

一个善于学习的人，一定勤于动脑。勤思就是要经常开动脑筋，积极思考、创造性地进行学习。一个养成了勤思习惯的学生，就会对自己、对别人多问几个"为什么"，务求彻底理解所学知识的含义。勤思与善问结合起来，是探求知识的必要条件。

（1）敢于向"权威"质疑

在课堂教学中，教师与学生是教学活动的主要对象，由于教师的知识与阅历高于学生，因此，这里所说的"权威"是教师。教师的主要任务是传授知识，学生的主要任务是获取知识，教师是知识的传播者，学生是知识的新载体。但是，人的大脑不仅是在承载知识，还在改造知识。所以，学生在听讲时，要引导他们边听边想，不光会用耳，还要会用脑、用嘴，在理解上下功夫。只有理解通透，才能积极回答教师的提问，没有弄懂的或不同意别人的说法，要多提出问题，有不同的理解，要敢于向"权威"质疑，大胆说出自己的见解，决不盲目附和。在此需要强调，提出问题前应经过深思熟虑，形成自己的一套逻辑推理，如果只是随意地提出问题，即便获得正确的答复，也不会获得有益于自身发展的知识，并且会影响教学质量。

（2）学会自我设疑和解疑

从某种程度上看，学习的过程是通过设置疑问、解答疑问，从而获取知识的过程。因为"疑"的存在，才会有探究的想法。当现有的"疑"得到解决后，又会出现新的"疑"，周而复始，学生的学习与个人发展就是在这种情况下实现的。关于学习，北宋教育家、思想家张载指出："在可疑而不疑者，不曾学；学则须疑。"说的是在学习的过程中，如果不去怀疑应该怀疑的地方，就相当于没有学习；学习必须具有怀疑精神。因此，在学习的过程中，一定要将思与学结合起来，通过对学习的内容进行思考，达到获得真知的目的。

另外，在学习的过程中，应不断地发现与提出问题，这样才能获得更多解决问题的机会，进而加深对所学知识的理解与掌握。为此，教师在教学时，应引导学生进行自我设疑，对于某一知识点及其相关问题，学会多问"为什么"。一般情况下，如果提出的问题能够一针见血，那么，这个问题一定能很好地解决。同时，对于善于提出问题的人，会逐渐拓宽自己的思维，获取更多解决问题的方法，分析问题、解决问题的能力不断提高。总而言之，通过合理的设疑与解疑，学生的学习效益、学习质量会有不同程度的提高。

（3）要有勇气"不懂就问"

有些学生的自尊心过强，虽然这并不是坏事，但在学习的过程中遇到难题时，这份自尊心就会对学生产生限制作用，导致学生不愿意主动地将疑惑告知他人，随着问题的不断积累，学习将会越来越被动，使得学习成绩难以达到理想程度。"好问不须脸红，无知才应羞惭。"在教学的过程中，教师应通过引导使学生清楚地意识到"不懂就问"并不是丢人的事，当遇到难以解决的问题时，应清楚地知道每个人都是有优势与不足的，通过互相学习、互相补充，不仅能让双方都得到发展，而且会建立良好的人际关系。孔子说："三人行，必有我师焉，择其善者而从之，其不善者而改之。"任何人都应具备"不懂就问"的学习态度与学习精神，从而及时解决学习过程中遇到的困惑，达到巩固知识、实现发展的目的。

5. 查阅资料、工具书的习惯

随着时代的不断发展，社会对人才提出了新的要求。因此，在课堂学习的基础上，学生还要将一定的时间与精力用于课外自学，这时，各种资料、工具书就是帮助他们学习的主要工具。因此，在教学的过程中，教师应培养学生的自学意识，养成善于查阅资料、工具书的好习惯，以更好地实现个人的全面发展。

（1）培养勤查工具书的习惯

培养学生勤查工具书的习惯要做到以下三点：一是要求学生备有必要的工具书，如字典、词典等；二是要教学生使用工具书的方法；三是督促学生利用工具书解答学习中遇到的疑难问题。为了使学生养成习惯，要求学生将工具书摆放在自己的手边，便于遇到生字、难词时及时查找。教师还可以经常布置一些查找工具书的作业及通过查找工具书就能解决的学习问题。教师也可以不讲，留给学生自己去解决。为了提高学生使用工具书的兴趣，学校、年级、班级还可以开展一些使用工具书的竞赛活动，吸引学生积极参加，全面促进学生使用工具书的能力不断提高。

（2）培养勤查资料的习惯

培养学生查阅资料的习惯要做到两点。第一，要指导学生学会阅读教科书。有的教师喜欢"满堂灌"，站在讲台上讲得有声有色，可学生翻开教科书还是一脸茫然。教师教书不是讲书，而是教会学生读书，指导学生通过读书，自己去感知教材、理解教材。第二，要给学生查阅课外资料提供机会，像历史、地理等学科的作业布置或考试，不必照本宣科地搬书本，可以布置学生写一点小文章，这样就逼着学生去课外查找、翻阅资料。教师要给予一定的指导，比如，到什么地方去查，查什么资料，怎样查等。

培养学生查阅资料、工具书的习惯，让其成为学生学习时的"无言之师"，是帮助学生提高自学能力和学习效益的重要途径。

（二）培养学生良好学习习惯的方法

一般来说，学生都愿意接受教师的教育，但是，教育方法不当，不仅起不到教育的作用，有时还会引起学生的反感。因此，培养学生的良好学习习惯也要讲究方法。

1. 目标激励法

培养学生的良好学习习惯，不宜孤立进行，要注意和学习目标结合起来教育。明确的学习目标是学生养成良好学习习惯的动力。班级教育管理者要通过学习目标的教育，使学生明确学习意义，激发他们的学习热情。但是，目标教育要符合实际。对学生来说，完成好教学大纲所规定的各项学习任务，为将来进入社会打下扎实的基础，就是每个学生的学习目标。

班级教育管理者要使学生明白：想要更好地胜任未来希望从事的工作，就要在学校打下坚实的理论基础。社会在发展，时代在进步，各种工作对人的素质要求越来越高，没有扎实的基本功是难以适应将来社会的。要有效地完成教学大纲所规定的各项学习任务，首先就要培养学生养成良好的学习习惯。只有学生认识到当前的学习与将来参加社会主义现代化建设的联系，体会到掌握科学基础知识是以后工作所不可缺少的基本功，他们才会主动地接受教师的教育，自觉地养成良好的学习习惯。

2. 兴趣吸引法

兴趣产生于学生的需要和成就感。学生喜欢玩，是因为玩能满足学生的心理需要；学生喜欢各项竞赛活动，是因为竞赛活动可以给学生提供自我表现的机会，容易满足学生的成就感。培养学生良好的学习习惯也可以从激发学生的兴趣入手。比如，某学生喜欢在课堂上提问，敢于向教师质疑，如果教师对此及时给予表扬，学生受到鼓励，产生兴趣，以后就会更加大胆地发表自己的意见，这样日久天长便形成勤思好问的习惯。学生的学习习惯还可以通过各种活动来培养。比如，经常开展查字典、词典的比赛活动就能促使学生养成勤查工具书的习惯。总之，一切能吸引学生兴趣的健康的学习活动，都有利于培养学生良好的学习习惯。

3. 典型引路法

岳飞让人们知道了应当精忠报国，雷锋让人们知道了应当助人为乐，作为精神上的榜样，他们能带给我们无穷无尽的力量。因此，在班级中，教师应善于树立榜样，让学生有追赶的目标，激发学生的学习积极性与实现自身发展的动力。典型越贴近学生实际，越有利于学生学习和模仿。但是树立典型，不应求全责备，不要因某个同学有缺点而抹杀其全部优点。不管是谁，只要他在某方面做得比较突出，就可以作为班级典型，并让他在学生中交流自己养成良好学习习惯的体会。另外，教师也是学生的榜样。教师严谨的治学精神、认真负责的工作态度对学生都能产生潜移默化的影响。比如，教师精心备好每一堂课，认真书写每一个字，对培养学生良好的学习习惯都能起到积极作用。

4. 耐心巩固法

学贵有恒，培养学生良好的学习习惯也要有恒心。良好学习习惯的养成不是件容易的事情，需要经历一个相当长的时期。何况学生在思想上是不稳定的，他们容易受外界的影响，有时会出现反复的现象。一些初步形成的良好学习习惯，被一些坏习惯所代替。比如，学生刚进入学校时，大多数上课能专心听讲，积极思考、回答教师的提问，可时间长了以后，有些学生就出现反常现象。因此，班级教育管理者切忌急于求成，要分析原因，根据不同情况，耐心教育、具体指导、反复训练、不断巩固。学生有了进步，及时表扬，使良好的学习习惯得到强化。在班级教育管理中，只要班级教育管理者坚持不懈，持之以恒地耐心培养，就一定能使学生养成良好的学习习惯。

5. 家庭学校互联法

教师能够直接促进学生发展，而家长会潜移默化地影响学生，因此，在培养学生学习习惯的过程中，教师应与家长相协调。养成良好的学习习惯的过程，也是克服不良习惯的过程，在这一过程中，学生应有一定的自控能力，即毅力与意志。当学生的自控能力有待提高时，教师与家长应共同鼓励与督促学生，只有这样，学生才能有意识、有毅力地做出改变，不论是在时间上，还是在空间上，皆是如此，当经过相对长的一段时间后，学生的学习习惯自然会向好的方向改变。但是，学生在学校学习只是他们学习生活的一部分，还有一部分得在家里进行，如果失去家长的配合，学生良好的学习行为方式虽然可以较好地融入学生在学校的学习活动，却不一定能在家学习时继续保持，那么，学生良好的学习习惯就不可能顺利养成。因此，班级教育管理者要经常与家长联系，互相交流看法，互相配合教育，形成家庭学校互联的教育管理结构，促使学生良好学习习惯的养成。

二、学生自学能力的培养

（一）自学能力的结构

自学能力的构成因素有很多，在学生自学过程中，这些因素会相互联系、相互制约、相互配合。

1. 独立阅读能力

这是自学能力的核心，也是由多种具体能力结合而成的。比如，理解能力、欣赏能力、鉴别能力、评价能力、阅读表达能力、分析概括能力、使用工具书的能力、掌握读书方法的能力等。

2. 自学的组织能力

比如，明确学习目的、选择学习内容、规定自学时间和期限、安排学习顺序、制订学习计划等。

3. 自我监督与检查能力

指的是根据学习目标与计划进行学习时，定期检查与评定自己的学习质量与学习效果，对执行学习计划的情况能自我监督和控制。

4. 运用知识解决问题的能力

这要求在自学中加深对知识的理解和运用，达到"学以致用"。在运用知识中探索新知识，有新发现、新创造。

（二）自学能力的形成

自学能力的形成是在客观环境与有目的的教育影响下取得的结果。自学能力形成的基础是掌握知识技能和发展智力。

1. 自学能力的形成需要一定的知识基础

知识既是自学的对象，又是自学的工具。在学习活动中，旧知识是理解新知识、探索新知识的前提。知识的深度、广度影响着自学能力的水平。所以，在班级工作中，要特别注重教育学生牢固地掌握基础知识，并通过练习转化为读、写、算等基本技能。

2. 自学能力的形成需要熟练的学习技能

学生如果没有熟练的学习技能，自学将是不可能的。例如，未能掌握朗读、默读等阅读技能，要通过自学理解文章就会感到困难。不会加、减、乘、除基本计算技能，就不可能自学数学。能力正是学生在运用知识、掌握和使用学习技能的训练中逐步形成的。

3. 自学能力的形成有赖于认识能力的提高

认识能力包括想象力、记忆力、注意力、观察力、思维能力等。离开认识能力，掌握知识和技能将是不可能的，同样，自学能力也无法形成。

4. 自学能力的形成需要教师的指导

教师的指导是学生将知识、技能转化为自学能力的催化剂。把教师的正确指导和学生独立的自学活动结合起来，是自学能力形成的关键。教师无论在什么时候，都不能放弃指导作用。

（三）自学能力的培养

学生的自学能力是在学习各门学科知识的过程中逐渐形成的，班主任的教育和指导起着重要的作用。自学能力的培养可通过以下四种途径进行：

1. 提高学生对自学重要性的认识

认识是行动的前提，学生是行为的主体，要培养学生的自学能力，首先要提高他们对自学的认识。比如，介绍当前教学的形势和知识经济的特点，从学生毕业后工作及生活的切身需要入手，进行启发引导，使形成自学能力成为学生的心理需要。

2. 激发兴趣，使学生乐于自学

如果学生将自学当成一种兴趣，他就会带着强烈的求知欲，积极主动地学习。激发兴趣是培养自学能力的起点。例如，利用学生好奇、好胜这一心理特征，将学生的好奇心引导到自学的轨道上来，可组织各种类型的兴趣小组，以激发其自学的兴趣，培养自学能力。可以引导学生尝试通过自学取得好成绩，经常让学生不同程度地体验自学成功的乐趣。要培养学生的自学能力，就要设法使学生的自学一次又一次地取得成功。只有使学生乐于自学，才有可能养成自学习惯，提高自学能力。

3. 教给方法，使学生乐于自学

班主任帮助学生运用多种工具书、学科参考书来培养独立获取知识的技能。由于各学科的性质、特点不同，自学的方法也会有差异。

4. 培养自学习惯，使学生坚持自学

要想使学生能够坚持自学，就要培养其良好的自学习惯。良好的自学习惯包括预习习惯、阅读习惯、勤于思考习惯、求学好问习惯、集中精力听讲习惯、大胆发言习惯、记课堂笔记习惯、先复习后写作业习惯、边读边写手脑并用习惯、严肃认真一丝不苟习惯等。这些自学习惯的培养，需要长期细致的工作，班主任要把它作为主要的工作任务。

三、学生学习方法的指导

（一）引导学生选择科学的学习方法

对每一个人来说，最适合自己学习的方法就是科学的、最好的学习方法。在学习过程中，学生们都使用了一定的方法，但方法是否适合自己，又是另一回事了。因而，有些同学虽然每天起早贪黑、勤勤恳恳地埋头苦学，学习效果却不好；也有同学学得专心，玩得痛快，生活有张有弛，学习效果颇佳。可见，要提高学习效率，勤奋只是一方面，重要的是如何更有效地利用时间，这就需要讲究学习方法的选择。

1. 引导学生根据自己的个性特点来选择

根据心理学的相关研究证明，学习是复杂程度较高并受到多种因素影响的心理活动。由于个体的生活背景、性别、年龄、爱好、经历等方面有很大差异，萌生的心理特征自然各不相同，使得一种学习方法不能适用于所有人。因此，班级教育管理者不仅自己要了解班级每一个学生的个性特点，还要引导学生认识他们自身的个性特点，才能有效地指导他们选择适合自己的学习方法。因此，根据学生的不同个性特点指导学生进行学习，是提高学生学习效率的重要途径。

2. 引导学生根据自己的认知特点来选择

学生的认知特点主要表现在记忆和思维两方面。教师要引导学生根据自己这两方面的

特点来选择学习方法。例如，在记忆上，由于每个人的先天条件和后天的教育不同，练习记忆的方法就会因人而异。有的人长于形象记忆，有的人长于数字记忆，有的人长于逻辑记忆……不管什么形式，只要经过尝试，效果不错，就可以采用。在思维上，有人善于形象思维，有人善于逻辑思维……教师应引导学生根据自己的思维状态和感受，把重点或难点问题放在思维状态最佳的时间去解决。当思维处于低潮时，就安排一些轻松的学习任务或娱乐活动。教师要善于指导学生扬长避短，选择合适的学习方法，充分发挥自己认知的长处，以提高学习效率。

3. 引导学生按照不同学科的特点来选择

各门学科都有其独特的知识结构和规律，教师要引导学生根据不同学科的特点选择学习方法。比如，学习语文、外语应重在多读、多听、多看、多写，加强语感训练；学习数理化应重在理解，要多思多练；学习历史，应采取纵横记忆法，纵是指历史朝代顺序，横是指各个朝代的主要事件，运用这种方法学习历史，主干枝叶分明，便于记忆；学习地理，应采取方位或经纬理解法，可以收到好的效果。因此，各科任教师应根据所教学科的特点向学生传授学习方法，并引导学生通过实践不断总结、掌握行之有效的学习方法。

总之，学习的方法是多种多样的。每个人都有自己的学习特点，没有哪一种学习方法适用于所有人。但是，人们总结出的学习方法都具有一般的指导性。因此，只要教师注意引导学生不断探索、总结，并虚心向他人学习，相信每个学生在此基础上都会找到适合自己的学习方法。

（二）多种途径向学生传授学习方法

教师的教学方法与学生的学习方法有密切关联。当教师的教学方法具有科学性时，学生的求知欲会得到最大限度的引发，对于学习的积极性会逐渐提高，并能传授科学的学习方法。教师在教学中一般可以通过以下两种途径使学生掌握学习方法。

1. 在传授知识技能的同时传授学习方法

教师在传授知识技能的同时传授学习方法，不仅是根据各门学科的特点和具体内容，教给学生学习各科知识的不同方法，而且更重要的是教师要在教学中以自己精心组织的教学，向学生做出科学学习方法的示范。比如，在数学教学中，教师对例题的讲解和演算，就是教学生掌握审题、解题方法的示范；语文教学中的阅读指导，就是为学生自学提供范例等。还可以通过检查学生的学习过程予以指导，教师对自己的教学结果的反馈不能仅仅局限于来自学生的考试结果，应对学生的预习、听课、笔记、复习等全部的学习过程进行检查，发现问题才能在学习的各个环节上给予有效的指导。

2. 通过讲座和经验交流传授学习方法

目前，许多学校都是通过讲座向学生系统地传授学习方法的，还有的学校开设了"学法"指导课，这有利于学生集中时间系统地掌握学习方法，以便在学习过程中有目的地选择和运用。这种教法，一般是教者站在学生的角度，或者揣摩学生的心理，结合自己的学习方法对学生进行指导，虽然也有一定的作用，但还不能充分发挥学生的主观能动性。真正意义上的"学法"指导应从学生中来，即放手让学生学习并在学习中总结、领悟出好的学习方法，教师只是从中起到引导作用。体现这种"学法"的指导模式是：第一，在教师的启发下，学生自学并做好自学笔记；第二，学生交流自学方法和自学收获；第三，学生自我总结，并从同学讨论、教师引导中受到启发，领悟出应该怎样学习。班级教育管理者还可以定期召开学习经验交流会、学习成果展览会等，让学生在互相学习与不断自我总结中学到更有效、更科学的学习方法。

第二节　班级活动管理

班级活动对于学生的成长和班集体的建设都有非凡的意义，可是现实生活中许多人对于班级活动的认识很片面或者不准确。本节从理论和实践相结合的角度，阐述了班级活动的概念、意义、类型、设计、组织、实施与评价，进而为班主任提供在开展班级活动时可供借鉴的工作路线图和具体的方法、策略。

一、班级活动的概念、意义与类型

（一）班级活动的概念

班级活动指的是以教育者为主导，以学生为主要参与者，在学科教学外组织的为实现教育目的的教育活动。

一般情况下，在开展班级活动的过程中，应以班级为单位，而不是以个体或小组为单位。班级活动的主体始终是学生，这是毋庸置疑的。因此，不论是确定活动主题、选定与组织活动内容，还是实施与评价活动，都要让学生参与其中。学生是活动的主演和观众，也是活动的编剧、导演和制片人。

班级活动是一种教育活动，也是一种学习生活。因为它是教育活动，所以，就要时刻追求教育效果，关注活动效果。说班级活动是一种生活，是学生的一种存在方式，就要关注活动本身的趣味性与审美价值，给学生带来更多的快乐。

班级活动是一种开放式的活动，涉及范围极广，除学科教学外，不论是社会实践活动、班级管理活动，还是科技活动、文艺活动、体育活动、秋游、游戏、劳动等，都属于这个范畴。

（二）班级活动的意义

1. 促进学生身心健康发展

（1）锻炼学生的实践能力

处于青少年时期的学生，不仅有旺盛的精力，还有强烈的好奇心与求知欲。通过各式各样的班级活动，学生不仅可以在身体的锻炼中促进体质的不断增强，还能在知识的积累中实现认识能力的不断提升。在班级活动中，学生可以接触很多陌生且新鲜的人与事，还能借助感官来感受事物，不仅能够增长知识、拓宽视野、提高思考能力，还能学到某些技能，提高实践能力。

（2）促进学生良好个性的形成

在开展班级活动的过程中，学生的才能、兴趣、品质、修养等都能不同程度地得到体现，并在活动的基础上得到一定发展。对于乐观开朗的学生，通过班级活动，他将在与同学们的接触中逐渐踏实、冷静；对于内向腼腆的学生，通过班级活动，受到其他同学的影响后，他很有可能变得开朗、活泼。是班级实践活动改变了他。

2. 促进班级建设

（1）有助于班集体的形成

一般来说，组织、形成班集体总是以协调一致的集体工作和有益的班级活动为起始的。通过良好的班级活动，班集体将会建设得更快、更好。同时，能够促进同学友谊的发展、集体纪律的增强、集体目标的实现。从某种程度上看，班级活动开展的过程就是班集体形成、巩固与发展的过程。如果一个班级不开展或很少开展活动，整个班级就没有生气，永远也不可能成为一个真正的班集体。

（2）有助于班级教育目标的实现

通过实现班级教育目标的实践活动，班集体得到巩固与发展。对班集体而言，目标是其发展的动力与方向，而相应的实践活动则是其实现目标的主要形式。通过班级活动，学生能够更加清楚地认识个体与他人、个体与集体之间的关系，培养集体责任感与集体主义精神。当班级活动取消后，学生会难以产生集体意识，对集体自然漠不关心，甚至不会为集体而努力。而在班级活动的带动下，学生的精气神会得以焕发，还会主动增强与其他同学的沟通与交流，培养集体意识，促进班集体的形成、巩固与发展。

（3）有助于正确集体舆论和良好班风的形成

当班级活动健康、有益时，不良、错误的东西会为人不齿，而合理、正确的东西会得到弘扬与发展，在这种条件下，正确的集体舆论与良好的班风会逐渐形成与发展。因此，班级活动是集体主体思想形成的摇篮，也是班级集体形成的重要条件，可以说，没有班级活动就没有班集体。多种形式的班级活动，有助于班主任对学生的个别教育与集体教育，促进学生实现更好的发展。

班级活动对于学生身心健康发展和班集体建设的意义非凡，班主任只有真正认识到班级活动的重要性，才会在日常工作中重视班级活动的组织和开展。

（三）班级活动的类型

班级活动的类型有很多，划分形式也有很多。按活动空间划分，班级活动分为校外班级活动、校内班级活动；按组织形式划分，班级活动分为小组活动、全班活动；按活动内容划分，班级活动分为劳动活动、体育活动、文艺活动、科技活动、社会公益活动、社会调查活动等。如何科学地分类是一个比较复杂的、有待探讨的问题。这里我们依据学校班级工作的实际，归纳几种形式的活动。

1. 班级例会

班级例会是班级组织实行民主管理的例行班会，是属于班级的常规活动，主要有一般性班会和微班会两种。一般性班会大都是一周召开一次，时长一节课，围绕本周学校主要活动或者班级主要问题展开讨论；微班会，顾名思义就是小型的班会。它具有时间短、针对性强、容易操作等特点。晨会、夕会、课前几分钟等，均可以召开微班会。

2. 主题班会

主题班会是班会的另一种形式，主要是根据班级学生的年龄特点和成长的实际问题，拟定一个大家感兴趣的主题，经过充分的准备而实施。与一般班会相比，它具有较强的针对性。在内容上可以是独立的主题，也可以是系列的主题；就形式而言，可以是主题报告会、主题汇报会、主题讨论会、成果展评会、主题竞赛等。值得注意的是，班会不是简单的"算账会"。班主任在开班会的过程中，应让优秀生介绍学习经验，进行德育，同时根据班级特点确定主题，有计划地召开主题班会，通过看视频、讲故事等，学生在讨论中可以得到发展。

3. 文体活动

文体活动主要以丰富学生的课余生活、活跃班级气氛、增进心理交融、增强班级的凝聚力为目的。主要形式有诗歌朗读会、音乐晚会、故事会、文娱晚会、庆祝节日的联欢会，还有体育竞赛、各种文体兴趣小组活动等。一般而言，活动前要有策划，节目应事先排练。

4. 学习活动

学习活动主要是指为了调动学生学习的积极性，拓宽学生的知识视野，以班级全体成员为对象而开展的活动。比如，智力竞赛、知识竞赛、作业展览、课外阅读活动、学习方法指导会、学习经验交流会等。

5. 科技活动

开展科技活动主要是为了丰富与拓宽学生的视野，满足学生的兴趣需求与求知欲。比如，指导进行科技制作、组织科技参观、设置科技兴趣小组等。

6. 社会实践活动

实践活动是班级活动的主要形式之一，不仅能够培养学生的实践能力，还能促进学生创新能力的提升。通过实践活动，学生的综合素质会得到全面提高，在一定程度上避免了"高分低能"现象的发生。形式有参观访问、社会调查、社会公益劳动、社区服务、春（秋）游等。

班级活动类型众多，班主任可根据班级情况选择适合的形式，也可以根据需要，发挥大家的聪明才智，创设新的形式。

二、班级活动的设计、组织与实施

（一）班级活动的设计

在设计班级活动的过程中，应遵循主体性、教育性、时代性、多样性、整体性、易操作性原则。

1. 主体性

主体性指的是在班级活动中应注重学生的主体地位。不论是主题设计，还是活动实践，学生都是最为主要的参与者，并参与一定的决策与安排。在班级活动中，班主任只需要对学生与活动的开展进行宏观指导，确保班级活动的正常进行，并将学生的参与积极性充分调动起来，积极主动地投入班级活动中。同时，应让学生意识到自身在班级活动中的主体地位，班级活动的好与坏都是由自己决定的，从而使学生在班级活动中具有较大的主观能动性。

2. 教育性

班级活动有多方面的教育意义，不仅可以开发学生的智力、提高学生的审美情趣，还能增强学生体魄、提高学生的实际操作能力等。因此，在设计班级活动的过程中，应确保教育功能的充分展现。

（1）教育性体现在活动目标上

在确定班级活动目标的过程中，应善于在娱乐中寄托教育，将班级活动的教育作用最大限度地发挥出来。比如，在召开关于"小队能人"的班会时，可以设定两大活动目标：其一，通过鼓励为集体出谋划策的学生，更多的学生能够为集体做出贡献；其二，通过展示小队制作的专题墙报，学生能感受合作创作带来的乐趣与满足感。

（2）教育性体现在活动内容上

比如，在班级活动中，可以将主题设置为"我是青奥小使者"，一系列的社区环保知识宣传，使青奥会的理念根植于学生与居民的心灵深处；开展"最美少年"的评选活动，达到培养学生爱心的目的；组织"人脑与电脑"讲座，引导与讨论，使部分学生不再过度沉迷游戏，看清现实的美好。另外，还有跳绳比赛、包饺子、春游等在内容上各不相同的班级活动，都能不同程度地对学生产生教育作用。

（3）教育性体现在活动过程中

其一，活动场地应充满教育氛围，在会场的布置上，应体现活动气氛、教育情境，桌椅的形式、展板的摆放、标题的书写等应做整体设计。

其二，活动名称的干扰力要强，比如，"我是安全小能人""小事情，大作为"等。在开展班级活动的过程中，教师应充分发挥自身的引导与调动作用，让学生在活动中得到教育，还可以借助新媒体等手段，提高活动对学生的教育意义。

（4）教育性体现在活动总结上

活动总结不容忽视。教师、学生甚至家长要共同回顾活动的过程，总结自己的得失，并且进行交流，在回顾和反思交流中获得更进一步的成长。比如，某班级在班级文化墙布置结束后，组织教师和学生交流文化墙布置的经验，并且撰写"文化墙布置背后的故事"。师生在交流和回顾中集体归属感、荣誉观得到了加强。

3. 时代性

在设计班级活动的过程中，应引入时代话题，在主题的选择上具有时代感，使学生能够触摸时代的脉搏。

（1）从时事中抓题材

班级活动要善于从时事中抓住有教育意义的题材。例如，培育杂交水稻的袁隆平逝世，某班级开展了"袁隆平与杂交水稻"主题活动。这样新鲜的题材，学生会受到理想主义、爱国主义等多方面的教育。

（2）从身边的事中抓题材

现代社会千变万化，人们的菜篮子在变，交通方式在变，通信方式在变。班主任要善于从这些变化中找到班级活动的题材。例如，针对生活中日益增多的私家车侵占公共空间的现象，某班级组织学生开展公民教育活动，调查私家车增多和乱停放的原因，思考解决的办法。

4. 多样性

通过班级活动，促进学生综合素质的全面提升，离不开班级活动形式、内容、组织方式等方面的多样性。

（1）活动内容多样

班级活动的设计应保证学生素质的全面提升，即德智体美劳全面发展，为此，在确保班级活动具有教育性的同时，要增强班级活动的趣味性，以激发学生的学习积极性。比如，对于班级活动计划的制订，应以实现学生的全面发展为目的，在具体安排上，应兼顾思想教育与知识教育，既有"集体在我心中"活动，又有"智力竞赛"活动。随着班级活动的逐渐多样化，不同背景、性别、爱好、能力的学生都将获得施展才能的机会，促进学生的个性化发展。

（2）活动形式多样

青少年时期的学生一般对新鲜事物尤为感兴趣，并且有强烈的求知欲，因此，班级活动在形式上要具有多样性，以激发学生的积极性与主动性。在开展关于"心中有他人"主题班级活动的过程中，可以采取各种形式，比如，"送一送"，前往养老院送温暖；"演一演"，将同学们做的好人好事以小节的形式进行演出；"讲一讲"，宣传英雄事迹等。另外，在一个固定的班级活动中，也可以存在多种形式，比如，在中秋节，可以做月饼、点蜡烛、猜灯谜、讲述民间传说、举办化装晚会等，通过多种形式的活动，增进学生的活动体验，让更多的学生得到教育与发展。

（3）活动的组织方式多样

对班组活动而言，不仅可以整个班级为单位，还可以小组为单位，甚至三五人为一个团体。可以说，班级活动的组织方式是多种多样的，通过适当的组织方式，能够显著提高活动的时效性，满足学生爱好、兴趣、发展等需求。

5. 整体性

整体性指的是将班级活动的过程、班级活动的内容、班级活动的教育力量等诸多方面联结起来，使之成为一个整体，借助整体的教育思想对整体的教育活动进行指导，达到学生全面发展的整体性与教育目标实现的整体性的最高境界。

从班级活动的过程来看，个别活动与整体活动是辩证统一的。就单次班级活动而言，只有从酝酿与设计开始就让学生投入进来，才能使学生在活动实施中具有积极性，进而实现活动对学生的教育性。另外，活动与活动之间的安排应具有连贯性与系统性。

从班级活动的内容来看，应充分考虑对学生的整体教育，将德智体美劳等涵盖在内，通过全面、系统的信息网络，促进学生的全面发展。

从班级活动的教育力量来看，班级活动应尽可能地将学校、家庭、社会的整体教育功能全面发挥出来，整合学校、社区的教育资源。有些班主任在组织班级活动时经常请家长参加，帮助化妆、做报告，参与组织主题活动。组织外出活动，还时常邀请家长委员会来参与准备、管理，创设开展活动的条件。在争取社会力量配合时，有些班主任还常采取"请进来""走出去"的方法。整合学校、家庭、社会教育资源，可以借助学校以外的力量，弥补学校资源的不足，为学生发展提供更广阔的空间。

6. 易操作性

在设计与开展班级活动的过程中，应保证有较高的易操作性。

第一，应注意班级活动的频率。在一定的时间内，班级活动不可过少，这样无益于学生的劳逸结合与全面发展，也不可过多，当师生耗费大量的精力用于班级活动时，会出现本末倒置的问题。

第二，应注意班级活动的规模。按规模化，班级活动大致分为日常活动与主题活动。顾名思义，日常活动一般每天都会开展，因此，时间不可过长，应抓住重点问题并及时解决。在班级活动形式上，也应保证实效性，包括同桌活动、小组活动、全班活动等。一是主题集中，每次班级活动只有一个主题，以加深学生对班级活动的印象；二是目标合理，单次班级活动想要达到的目的应具有合理性，不可过多；三是程序简洁，班级活动的过程应明确，具有较强的易操作性。

第三，班级日常活动实现自动化。各种形式的班级日常活动应由专人负责，并保证开展时间的稳定性，以提高操作的便捷性。对于相对大型的班级活动，应预先制订合理的方案，明确主持人、发言人、表演者、总结人等，以确保班级活动的顺利落实。

（二）班级活动的组织与实施

1. 确定活动的主题

确定活动的主题是班级活动最初也是最重要的工作之一。活动的主题选择不好，活动就搞不好。确定主题主要经过以下三个层次的工作。

（1）班主任充分考虑

对于每项活动，班主任都要做到心中有数。在主题选择上，应注意三方面：其一，与学校教育计划、教育活动是否冲突；其二，在班集体中，是否存在亟须解决的重要问题；其三，班集体的奋斗目标与建设计划是否与班集体建设内容需要相适应。这几方面是确定班级活动主题的重要依据。

（2）班委会充分讨论

班主任可以将自己的预先设想告知班委会成员，或由班主任进行宏观引导，让班委会成员提出个人意见与建议，在大家畅所欲言的基础上进行归纳。大致内容确定后，大家共同商量活动如何进行。

（3）广泛征求学生意见

班委会要采取个别交谈或者小型座谈会的方式，征求全班学生的意见。对学生的反馈信息，班委会要认真收集整理，作为组织活动的重要参考。有的活动还可以征求任课教师、校领导以及部分家长的意见。

2. 制订活动计划

完成主题的选择后，需要制订活动计划，这一过程由班主任与班委会共同进行。在具体内容上，活动计划主要包括活动内容、活动目标、活动方式、活动时间、活动地点、活动的准备工作、活动的组织领导等。制订活动计划后，活动负责人应将计划内容写下来，并要反复斟酌，以便落实。组织领导要明确分工，总体负责人、活动宣传人、对外联系人、组织节目人、会场布置人、活动主持人等要落实到位。

在组织工作中，有两点要特别注意。一是发动全体学生参与活动，尽最大努力消灭"死角"。针对班级存在的问题开展活动，更要注意与问题有关的学生的"角色"。要选择适合的"角色"让他们担当，以突出主题，发挥教育作用。二是考虑可以借助的力量，请能为活动增色的其他成员加入，比如，请家长、大队辅导员、社区负责人等参加活动。

3. 做好准备工作

落实班级活动计划是准备工作的关键，作为班级活动的主要负责人，应对每一项任务的落实情况进行检查。对难度较大的任务，应耗费更多的时间与精力，比如，要求学生表演节目或发表演讲时，应提前写下提纲或稿子，或者进行排练。又如，请外来人员参与活动，更需要具体落实相关事项，如嘉宾是否有时间，希望嘉宾做什么等。

4. 班级活动的实施

活动实施是班级活动开展的关键步骤，也是活动全过程的高潮。如果准备工作做得充分，达到高潮就有了基本条件。为了保证活动的成功，需要注意以下三点。其一，全班学生的精神状态。活动实施前的一两天，班上要创造出一种准备积极投入活动的氛围，班级骨干成员更要表现出积极的姿态，班主任或班委会成员要及时处理偶发事件，调整大家的心理状态。其二，处理好活动过程中的偶发事件。活动中难免出现始料不及的问题，也可能生成更好的教育时机，此时，班主任一定要冷静处理，把事情向好的方面进行引导。其三，重视活动中的安全教育。班级活动特别是外出活动，务必做好安全教育和安全防范工作，要配备足够的跟班教师。

5. 班级活动展示

班级活动展示是为了展现学生参与活动的成果。活动的展示需要考虑三点。其一，是否发动每个学生出来展示成果。并不是每个学生都必须成为展示的主角，但应给予配合。其二，是否借助多种媒体来展示成果。可以借助新媒体手段，也可以通过学生表演来展示成果。其三，展示现场的布置直接关系到活动的气氛和效果。会场布置要适合活动的主题，创造良好的环境氛围。黑板、灯光、桌椅摆放、必要的装饰物，都要从活动的主题出发进行设计。

6. 班级活动总结

活动效果如何，学生收获有多大，存在什么问题，都要通过活动总结才能促使大家想清楚。活动的总结有活动组织者的总结和活动参与者的总结。总结的方式多种多样，比如，召开小型座谈会、写活动总结、组织全班总结大会等。其中，班委会的总结是必须进行的。班委会要对活动的全过程进行反思，总结的内容应以口头或小报的形式通报全班同学。

班级活动要符合学生实际，体察学生情绪，贴近学生需要，既要有对当下教育现实的思考，又要有长期的教育效果，这就需要在关注班级活动的针对性的同时，对主题教育进行系列化思考。事实上，每一学年、每一学期、每一阶段乃至每一次班级活动，都要把它的组织和实施看作一项系统工作。从最初的选题到最后的总结，从上次班级活动的实施到下次班级活动的延续，班主任都要充分考虑、周密策划、细致实施，让班级活动的教育价值得到最大限度的发挥。

三、班级活动的评价

（一）班级活动的评价原则

班级活动涉及面广，内涵丰富，对它的评价应遵循以下原则。

1. 多元性

（1）评价标准的多元性

班级活动价值的大小，可以通过参加活动者的发展和活动的结果去检验，但同样要关注活动本身。活动领域开发、活动主题设计和活动方案的实施等，都是活动评价的重要内容。促进学生（班集体）的发展是班级活动的根本目的，学生（班集体）在活动过程中的一点进步、一点经验、一点教训都是促进学生（班集体）发展的原料。班主任可以将学生个体、具体班级的状况与学生群体、班集体进行比较，也可以用一定的客观标准去衡量每一个具体的学生（班集体），但更应该将学生（班集体）的"现在"与"过去"进行纵向比较，以学生（班集体）的发展为标准来评价活动的效果。

（2）评价资料的多元性

班级活动评价可以采用以下方式获得评价资料。

第一，教师、学生、家长座谈会。在宽松、民主的讨论交流中，教师、学生、家长可以自由讲述自己在活动中遇到的问题、困惑以及对活动的看法。

第二，问卷调查。它是根据一定的指标体系编制一系列问题，让被试者自己回答，从而获得所需信息的一种方法。它能十分简明、快捷地收集所需信息。比如，学生对活动内容是否感兴趣，活动使学生获得了哪些知识或技能等。

第三，学生活动日志。班主任可要求学生将自己对活动内容和形式的看法、活动中的自我评价、活动获得的各种体验等，以活动日志的形式记录下来。活动评价小组通过对学生日志的解读，获取有关活动信息。

第四，班主任活动观察日志。班主任及时地把观察到的与活动相关的情况记录下来，作为活动评价的依据。

第五，活动档案袋。每一个活动小组建一个活动档案袋，将每一次的活动记录表、调查表、活动成果等各种信息资料收集起来，由此，可以比较完整地看出活动的实施过程和学生（班集体）在活动中的成长轨迹。在全面掌握了活动的相关数据和信息后，评价小组就需要汇聚数据和信息，发现其中的规律，分析和判断活动对学生（班集体）发展的影响。需要指出的是，对学生（班集体）发展的分析判断，更强调以学生（班集体）发展的历史过程为参照系，也就是让学生（班集体）将自己的今天与昨天进行比较，最后形成评价报告。

2. 开放性

开放性评价原则是指班级活动的评价不应该只是少数人参与，评价的主体应该是一个与班级活动有利害关系的人组成的共同体。这个共同体包括以下五方面。

（1）学生

班级活动的价值最直接的体现是学生道德素养、知识能力的提高，学生活动中的体验、活动后的反思过程就是班级活动价值的体现过程。

（2）教师

作为班级活动的参与者和督导者，教师也理所当然地是班级活动的评价者。离开了教师的积极参与和专业判断，对班级活动的评价也就成了美丽的海市蜃楼，无实际意义可言了。

（3）专家

班级活动对学生的教育意义非同一般，它的开展必然会涉及许多专业知识。在对班级活动的评价过程中，教师、学生寻求专家的帮助，有时是可以的，甚至是必要的。让专家参与到活动的评价中来，还能促进教师的专业成长。

（4）家长

就班级活动而言，家长无疑是最密切的合作者，也是最细心的观察者。一方面，家长迫切地希望自己能参与到班级活动的评价中，积极地去影响学校教育；另一方面，家长有较多的机会收集活动信息。

（5）社会

班级活动应注重学校与自然、社会的紧密结合，社区也是班级活动的一个重要场所。学生在活动中的成长为社会各界所关注，因此，社会也可以参与到班级活动的评价中来。

3. 即时性

即时性评价是活动中或者活动刚刚结束时，对整体活动情况立即做出评价。为了使评价更有针对性、更科学，要事先制定好评价的标准。这样的即时性评价对于教师和学生反思自己的行为、提高活动的有效性具有较高的参考价值。

4. 延时性

延时性评价是指评价者要以发展的眼光，在发展的过程中实施评价。班级活动的意义在于对学生身心健康发展和班级建设有积极的促进作用。而一次班级活动的效果往往不是立刻就能显现出来的，有时活动的效果会在一段时间后显现出来，这段时间可能是几天、几个月，甚至是若干年。在这种情况下，延时性评价要求以发展的眼光看问题，更全面、更客观地评价班级活动的效果。

（二）班级活动的评价标准

1. 目的是否明确

班主任在班级活动设计过程中，一定要明确设计的目的，把握规律，有的放矢，要把班级活动纳入班级的日常工作中，因为它是学生教育管理工作的重要组成部分，是班级整个学期计划的重要部分。漫无目的地开展班级活动，盲目地为了活动而活动，只能是事倍功半。

2. 内容是否适合

班主任在设计活动时，一定要注意所设计的活动内容是否适合，是否符合学生身心发展规律，是否受到学生喜欢，是否符合学生年龄特点。班级活动设计一定要针对学生的年龄心理特点，针对这一阶段学生主要关注的内容，针对班级里最近普遍存在的问题，唯有这样的活动才真正能够抓住学生，深入学生的内心，同时体现科学性、规律性、时代性相结合的原则。

3. 形式是否新颖

活动目的明确，内容切合实际，还要审视活动形式是否新颖。一成不变的活动、古板老旧的活动，势必吸引不了学生的兴趣，发挥不了应有的作用。班级活动的形式要具有创造性、多样性、趣味性。因此，班主任在设计活动时，要根据学生特点，选择适当的形式和新颖的做法来开展活动，以吸引学生的注意，力争做到多样性、艺术性、新颖性相结合。

4. 是否收到实效

每一次班级活动前后，班主任都要进行预设和反思。比如，活动是否达到了预期的效果，是否解决了想解决的问题，是否实实在在地教育了学生，有没有帮助学生树立理想、信念，有没有达到班集体建设的目的，有没有发展和完善学生的个性等。许多活动的设计只重表相，只看形式，热热闹闹，看上去很美，过后了无痕迹，不能不让人叹息。

5. 是否发挥主体作用

班主任是班级活动的导演，学生却是主角。班主任的主导作用是引导学生发挥主体作用。因此，班主任一定要明确自己在活动中的身份，切不可越俎代庖，而要善于引导、善于启发，通过丰富的内容和形式来激发学生参与活动的热情。在活动中，教师是组织者、主导者，舞台却是学生的，要让学生自主参与、动手动脑、动心动情，从而达到完善个性、培养特长、提高兴趣的目的。

6. 是否具有教育意义

每一次的班级活动都必须具有深刻的教育意义，它应陶冶学生的情操，激发学生的思考，启迪学生的心灵，解决班级的问题。有的文章文辞华美，可是主旨不明确，或者不健康，那只是散珠碎玉，无法发出耀眼光芒。活动也是如此，空有丰富的形式，没有精神内涵，没有教育意义，同样无法引起学生的共鸣。

第三节 核心素养下借力传统文化开展深度学习

核心素养是关于学生知识、技能、情感态度和价值观等多方面能力的要求，是个体适应未来社会、促进终身学习、实现全面发展的基本保障；核心素养强调的不是知识和技能，而是获取知识的能力，是学生应具备的适应终身发展和社会发展的必备品格和关键能力；核心素养是根据人的全面发展，注重"提升学生能力水平，促进学生全面发展，适应社会需要"的教育，解决培养什么人的问题。核心素养更适应当前社会对人才的全面发展和综合能力的要求。核心素养融入课程体系，需要明晰核心素养与学科能力之间的对应关系，因为其对于教材编写、指导教师课程实施和学生能力培育具有明确的导向作用。核心素养融入课程体系主要包括具体的教学目标、教学内容标准、教学建议、教学资源、学业质量标准等内容。在构建基于核心素养的课程体系时，需要清楚几个关系：具体的教学目标与学业质量标准是学生核心素养的具体体现；教学内容标准与教学建议促进学生核心素养的形成；学业质量标准是教学结果导向的标准；教学内容标准是教学过程导向的标准。教学过程标准促进学生核心素养的形成，教学结果标准体现核心素养的具体要求。综上所述，核心素养即培养和逐步形成学生适应社会发展和个人终身发展必备的品格和关键能力，它既包含学生的自主发展方面，又包括学生社会参与和文化修养方面的铸造。

一、核心素养的内涵

核心素养是在知识社会中每个人发展自我、融入社会及胜任工作所必需的一系列知识、技能及态度的集合，是指那些关键的、不可或缺的品质、能力、才干及精神面貌。

中国传统文化源远流长，博大精深。由于社会的进步、外来文化的冲击，很多学生对我国的传统文化不太熟悉、不太了解。如今，要使学生了解、热爱中华优秀传统文化，增强文化自信，提高核心素养能力，已是社会共识。学校课堂教学对学生加强优秀传统文化教育、提高学生的核心素养，是国家教育方针中重要的内容和方向。

核心素养要求学生可以在课堂学习中进行自主学习、自主操作、实践训练、合作交流以及求知探索，形成和学科项目相互关联的专业技能，核心素养理念的提出使得学生的未来发展方向更加清晰明了，同时也为教师的教育工作指明方向。助力学生形成良好的核心素养，可以说是新课改背景下对于中学科学的崭新要求。在实际教学中，教师既要明确认识到学生在知识储备和学科认识方面的差异性，结合学生群体的思维特征和逻辑习惯，考量教学中存在的问题并加以改进；更要为学生提供更加开放活跃的教学环境，精准有效地解决学生存在的问题。因为中学生的学习能力、学习态度存在差异性，所以，只有充分考量到不同层次的学生群体的需要，实现分层教学的重要目标，才能够为提升学生的学科核心素养奠定良好的基础。

二、《弟子规》养正课

《弟子规》是中国传统文化的瑰宝，它语言至简，内涵深刻。有一个学者曾比喻：用一个天平，一边放上"四书五经"，另一边放上《弟子规》，两边是平衡的。因为传统经典中的"仁义礼智信"在《弟子规》中都有所体现，而这些内容是植根于民族心灵的"常识"，不会因为时代的变迁而失去光泽。

三、学科融合课

学校将中华传统文化的教育贯穿于各个学段、融入各个学科，有机地穿插于第一课堂和第二课堂之间。学生从博大悠久的传统文化中汲取丰富的思想道德养料，增强文化自信和价值观自信。

四、传统文化特色课

学校开设传统文化特色体验课。如书法、古琴、古筝、吟诵、京剧等选修特色校本课程，挖掘课程中蕴含的传统文化元素，学生在探究的过程中传承文化、滋养心灵，体验民族传统文化的魅力，养成良好的情感品质。

围绕中华传统佳节，开设"风俗体验课"。文化的认同，不仅是在有意识的学习中，更关键的是在无意识的潜移默化中。如在学校开展的"中秋赏月""重阳敬老""迎春纳福"等主题活动中，学生动手做月饼、包粽子、做花灯等，能让学生体验到传统文化的魅力，树立文化自信。

五、亲子技能课

传统文化的学习重在力行，而力行的阵地又离不开家庭。家长应积极参与到传统文化的学习实践中，弘扬好家风。可在家庭中开展"亲子技能"课程。每周的"习劳知感恩"生活技能训练，让学生在掌握劳动技能的同时，感受父母的辛劳，从而助长学生的孝心和爱心。每学期开展"假日礼仪体验"，学生与家人共同体验餐桌礼仪、待客礼仪、节日传统礼仪、参观礼仪等，在实践中累积生活礼仪经验，遵守社会公德，弘扬社会主义核心价值观。

不忘本才能开辟未来，善于继承才能更好创新。在传统文化的熏陶与真善美的感召下，校园处处充满正能量。围绕正能量，师生、生生之间传递的是理解和包容，收获的是喜悦和幸福。

中华传统文化进校园，不仅是一种学校文化建设的形式，重要的是让文化深入心灵。传统文化进校园，不仅是让学生诵读一些经典、引进一些传统的文化艺术项目进课堂，更是让传统文化博大精深的内涵真正触及师生的灵魂，以此涵养心灵、塑造灵魂、坚定信念、培养意志。

第 六 章

中华优秀传统文化与班级文化管理

第一节 班级文化管理概述

一、班级文化的内涵

从管理角度看，建设班级文化是为了完成管理任务而采取的管理手段；从本质上看，班级文化是在班级中产生的文化现象。因此，班级文化既具有管理手段的内涵，又具有文化现象的内容。

作为管理手段的一种，班级文化的本质内涵指的是以精神文化为导向，有助于教书育人目标实现的柔性化管理手段。此时，班级文化对班级目标发挥的作用是通过班级精神的形成来实现的。一般情况下，所有班级文化都是在班级精神的基础上得到发展的，对某一班级文化的成熟程度进行判断时，主要看这一班级文化是否具备明确的班级精神。因此，在建设班级文化的过程中，不可忽视班级精神的形成与发展。只有贯彻落实班级精神，班级文化才有助于班级目标的实现。通俗而言，就是将"说"与"做"的关系处理好。在班级文化建设具体操作上，"说"与"做"是相辅相成的，不可失之偏颇。但是，在班级精神的整体发展上，"说"与"做"是有先后关系的。由此，能够延伸出班级文化建设的两种基本操作模式，即"先说后做"，以班级精神为基础，对班级特色与优势进行创造，此为演绎模式；"先做后说"，在创造班级特色与优势的基础上，对班级精神进行提炼，此为归纳模式。

作为文化现象的一种，班级文化的内涵有广义上的，也有狭义上的。

广义的班级文化指的是通过班主任的引导，班级成员在实现班级目标的过程中创造的物质上的与精神上的所有财富，它是客观存在于班级中的。从内容上看，广义的班级文化包括物质层、精神层、制度层。其中，物质层包括悬挂国旗、张贴名言等室内环境布置；

精神层包括班级风气、班级舆论、班级道德、人际关系等；制度层包括课堂常规、每日常规、各种奖惩制度等。

狭义的班级文化指的是通过班主任的引导，班级成员在实现班级目标的过程中创造的精神层面的财富，它在班级文化建设中占据主导地位。具体指的是在班级成员相互作用的过程中，形成的被大多数学生认可的、对学生起到教育作用的价值体系，即在班级学习、生活与活动的过程中，班级成员贯彻、体现的所有人共同具备的行为，包括思维方式、生活习惯、精神追求、道德信仰、价值观念等。因此，狭义的班级文化就是用来组织班级同学思想与行为的心理依据。

二、班级文化的内容与特点

在组建班集体的过程中，班级文化管理是班主任的主要工作之一。因此，班主任应紧抓班级文化管理，开展有效的班级文化建设，在明确班级文化内涵的基础上，清楚班级文化的内容、特点以及与班级风气之间的关系，从而促进班主任班级文化管理水平的不断提高。

（一）班级文化的内容

班级文化是一种充满人文的、温和的、柔性的精神、制度、环境、关系的综合存在，也是一种新的德育模式，而不是一种说教的、粗暴的、刚性的固定模式。从内容上看，班级文化具有三个层面，即外层、中层、内层。其中，外层指的是班级物质文化，中层指的是班级制度文化，内层指的是班级精神文化。

班级物质文化是班级文化的最外层，能够用肉眼见到的文化，包括班级的桌椅、黑板、各种设施设备等。是凝聚、体现、寄托班级成员的生存方式、生存状态、思想感情的物质过程和物质产品。班级物质文化包含教室寝室内物质环境的布置、班级管理目标及师生的仪表等，它具有"桃李不言"的隐性教育功效。因此，应当赋予班级物质环境以一定文化色彩和教育意识，"让教室的每一面墙都会说话"。换言之，通过对外显文化的视觉冲击力与感召力进行强化，促使学生在上进、文明、健康的环境中成长。

班级制度文化是班级文化的中间层，指的是班级成员实现班级管理目标的过程中形成的所有关系准则。包括班级领导班子岗位责任制、班级各项运转机制、班级各种行为规范的常规制度。通过班级制度文化建设，能够对学生的言谈举止起到一定约束作用，促进学生向着与教育培养目标、班级集体利益相符的方向发展，还能为学生提供对品格行为进行评定的内在尺度，以更好地实现自身发展。因此，在班级文化管理中，班主任应该努力建构灵活而有序的班级制度文化。

班级精神文化是班级文化的最内层，指的是在长期交往的过程中，全体班级成员习得并认同的心理倾向、思想观念，内容包括行为规范、价值取向、审美情趣、伦理道德等。相比于班级物质文化与班级制度文化，班级精神文化是一种更深层次的隐性文化，在整个班级文化中占据核心地位。通过班级文化建设，对班级物质文化与班级精神文化建设的成果具有巩固作用，对学生的健康发展具有感染与激励作用。在构建和谐班级文化的过程中，班主任应注重学生的情感发展，努力培养学生的情感文化；同时，使班级形成良好的班风，进而使班级全体成员为实现班级共同奋斗目标而努力。

（二）班级文化的特点

1. 主体性

在班级中，学生占据主体地位，所以，班级中存在的所有意识形态都要得到学生的认可，班级文化同样如此。当一种班级文化不被大多数学生认同时，这种班级文化就不会在班级中有立足之地。因此，在确定班级文化模式的过程中，必须结合学生的现实情况，选取能够被大多数学生接受的班级文化模式。一般情况下，在面对不同的学生时，同一位教师选取的班级文化模式也是不同的，甚至有极大差别。在建设班级文化的过程中，应以学生的实际情况为基础，充分调动学生的积极性，尽量让全体学生自愿接受班级文化理念，只有这样，班级文化在班级运行中的主导作用才能得到充分发挥。

2. 独特性

不同的班级会形成不同的班级文化，每个班级都有独特的管理理念、班级精神、文化氛围、价值观念。任何班级文化的构建都是以师生的个体差异为前提，具有显著的独特性。所以说，班级文化也是一种个性文化，它体现了班级的生命，代表着班级的形象。

3. 系统性

班级文化具有系统性，它是一个系统、完整的概念。基于班级文化的内涵与外延，具体由物质文化、制度文化、精神文化、师生行为文化、教学文化等构成。在建设班级文化的过程中，应将班级文化视为一个整体的系统，进行合理的设计与实施。不论是设计与实施，班级文化的各个子系统之间的关联、因果等关系，都要有鲜明的体现。

4. 动态发展性

班级文化是一个动态发展的系统工程，作为引领班级发展的班级理念，应紧跟时代的步伐，通过不断丰富自身内涵，维持长久的生机与活力，从而带领班级成员实现共同进步与发展。因此，作为班主任，应对班级理念的时代性特征有所了解，以提出与时代要求相符、反映时代精神的班级理念。

5. 相对独立性与稳定性

班级文化具有相对独立性、相对稳定性和群体积累性等特征。班级理念不仅是一种超前意识，也是一种文化的积淀。一个班级理念的提出，体现着一个班级文化"魂"的力量，它是适应未来趋势的超前思考与现实的结合，是班级文化在实践中对教育基本规律的认知。优质的班级文化是一种相对稳定的良好的教育生态，它是班级持续健康发展的保证。

6. 向上性

从一定程度上看，班级文化建设与其他学校工作的目的是相同的，都是为了实现学生的全面发展。因此，在建设班级文化的过程中，必须始终围绕学生的实际情况展开；同时，在教师的主导下，用积极、健康的价值观取代怠懒、厌学等思想倾向，帮助学生养成良好的学习习惯，促进学生的健康发展。

7. 多元性

从本质上看，班级是一个"文化生态圈"，由不同家庭背景、不同气质、不同性格、不同爱好的学生与教师组成。因此，在班级文化管理上，不仅要注重班级成员的多元文化背景特征，还要以单一文化背景下的普遍原则为基础，建立适合多元文化共性与差异的班级文化管理。此外，由于时代环境已经从权威逐渐转变为多元化，使得青少年的思考方式与行为方式发生了极大变化，班主任的教育辅导方法应做出相应的调整。

8. 潜在性

班级文化是学校文化的重要组成部分，它肩负着学生健康发展的重任，不仅能够创造面向全体学生的潜在学习效果，而且会对学生的终身发展产生影响。随着现代化程度的不断提高，社会环境处于不断变化中，持续学习才能使个体在社会中生存与发展的需求得到满足，学生进入社会后与人的沟通交流同样重要，而班级文化不仅有助于学生的未来发展，对学生沟通交流能力的提高也有不可忽视的作用。

三、班级文化的功能

人在环境中生存、生活与发展，通过人与环境的结合，文化得以形成与发展，而人类生活的方方面面也受到文化的制约与影响。当文化改变时，人类的生活也会发生相应的变化，二者是相辅相成的。在班级文化中，班级物质文化与班级精神文化实现了有机结合，对学生的成长与发展而言，班级文化具有重要的教育功能，以此推动班级的不断完善、学生的不断发展。一般而言，班级文化具有以下功能：

（一）育人功能

当前，学校已经响应国家教育政策的号召，进行了一系列教育改革，学校的教育目标彻底在班级落实。由于班级文化是班级的重要组成部分，对学生的成长与发展具有重要的促进作用。在校学生正处于自我认识发生变化的重要时期，他们的自我认识需要以他人为参照，而不能通过自身来完成。通过与他人的相处，学生会更好地认识自己，从而明确短期发展与未来发展。在文化氛围浓厚的班级中，全体学生共同创造出来的班级文化能够给予学生最好的发展条件，使学生各方面的需求得到最大的满足，最有利于学生的全面发展，进而形成学生的健全人格。

（二）凝聚功能

班级是由不同文化的个体组成的集体，作为一种群体文化，班级文化能够将所有班级成员的利益与前途紧密相连。通过多种形式的班级活动，班级文化能够为学生提供展示自身特长的舞台，使学生找到为班级做出贡献的方法与途径，进而体会为班级付出后带来的喜悦之情，由此，学生会更加努力地实现自身发展。基于此，班级文化使班级中每一个体与班级"同甘共苦"。

班级文化蕴含着班级成员的理想与追求，反映了他们共同的文化习性、价值观念、心理意识。这种共同的文化习性、价值观念、心理意识会激发班级成员对班级目标与准则的认同感，以及作为班级一员的归属感、自豪感、使命感，从而形成强烈的凝聚力、向心力与群体意识。根据相关实践发现，随着班级文化建设水平的不断提高，这种凝聚力、向心力与群体意识会有更加显著的反映。

（三）制约功能

基于班级文化形成的规范与价值体系对学生的言谈举止具有制约作用。当这种规范与价值体系形成后，会产生强大的力量，班级成员会自然而然地约束自己，确保自己的行为与这种规范与价值体系相符。一般情况下，班级文化的制约功能需要从三种途径实现，包括观念制约、制度制约、氛围制约。其中，观念制约包括舆论、道理、理念等；制度制约包括守则、纪律、规章等；氛围制约包括风气、关系、环境等。

（四）激励功能

根据激励理论，最好的激励手段就是让被激励者认可自己，从而充分发挥自身能力的优势。从心理学角度看，一个人越能清楚地知道自己行为的意义，行为的社会意义就会越发显著，并且更能产生行为的强大推动力。在良好的班级文化氛围中，学生做出的贡献能够及时得到肯定、奖励、赞赏，由于学生一直处于鼓励中，不仅会产生归属感，而且会逐渐具备责任心与荣誉感，自然而然地向着更高的目标奋斗。班级文化围绕整体的文化建设，结合实现人的不断发展，建立了一种文化塑造人、人创造文化的良性机制，对学生产生巨大的激励作用。

总而言之，通过班级文化，学生的自我管理将会逐步实现。众所周知，随着人们对资源的不断利用，物质资源总有枯竭的一天，但作为精神资源的班级文化是循环往复的，它将成为班级发展的基石。它对班级发展有积极的推动作用。文化不对班级成绩的好坏具有决定性作用，但文化会对学生的思想与行为具有潜移默化的影响。从这样的角度看，对学生的思想与思维而言，班级文化的作用是不可忽视的。

四、班级文化的管理

管理是对现有人、财、物、时间、空间、信息等组织资源进行有效整合，并不断促其更新以实现组织动态目标的人的创造性实践活动，管理的本质即为整合，既包括整合组织无形的资源，核心是组织成员的价值观念，又包括整合组织有形的资源，即组织成员的行为、财力、物力、时空、信息，进而能够更快、更好、更方便、更合适、更有效地实现组织动态目标。作为一种产生于班级中的文化现象的班级文化，它不仅具有文化现象的内容，从管理的角度看，班级文化还是为了达到管理目标而应用的管理手段。

班级文化管理是指班级成员在班主任引导下，在朝着班级目标迈进过程中，通过班级成员所创造的班级物质文化和精神文化的总和来代替班级教师空洞的说教，以集体的力量去克服困难，排除障碍，师生在人格上彼此尊重，思想上互相交流，以激励为主，通过给学生营造一个良好的学习与成长氛围，进而让每个学生内在的潜力都能得到自主、充分而又生动的发挥，同时带动班级快速发展，动态实现班级的组织目标。

新课程改革背景下的班级群体应该更具活力，班级文化管理旨在围绕"把班级还给学生，让班级充满成长气息"这一指导思想，积极研究和探索有利于学生自我教育、自主发展、符合学生各年龄段特征的班级文化目标，营造一个和谐的学习、生活氛围和共同奋斗的愿望，进而使班级具有强大的凝聚力。以文化点燃师生的灵性，全面提高师生的综合素质。这时，班级每个人都会自觉主动地做好每一件事。班级管理只有进入这个阶段，班级才能成为一个有思想、有灵魂的集体，教师、学生、班级才能实现和谐发展。

第二节 班级文化管理的原则与方法

一、班级文化管理的原则

班级文化是由班级物质文化、制度文化与精神文化构成的相互联系的有机整体，马克思辩证唯物主义认为，整体和部分是普遍联系的一种形式，二者既相互区别，又相互联系、不可分割。因此，我们既要着眼于整体，又要做好局部。

（一）班级文化管理总原则

班级文化管理应遵循如下七项总原则。

1. 方向性原则

班级文化管理必须坚持社会主义方向，以科学发展观为指导，努力营造积极向上、健康活泼的育人氛围。

2. 育人性原则

班级文化管理应充分利用班级现有的物质文化、制度文化、精神文化、行为文化等资源，有计划、有步骤地对学生施以教育与影响，培养学生高尚的思想品质和良好的道德情操，引导学生树立正确的世界观、人生观、价值观，形成文明和谐、奋发进取的班级氛围，进而达到"潜移默化、润物无声"的境界。

3. 学习性原则

班级文化管理要为学习型班级建设服务，班级环境建设、制度建设、精神建设都要做到为了学习、方便学习而建设。

4. 可操作性原则

班级文化管理必须依据教育方针的要求，结合班级与学校实际和学生生理、心理和认知特点，组织各种教育活动，使学生在学习中体验，在体验中提高。

5. 创新性原则

班级文化管理必须充分调动广大师生的工作主动性、积极性和创造性，贴近时代，主动变革，促使班级文化与学校、社会文化进行互动，不断生成、发展班级文化，努力培养学生的创新精神和实践能力。

6. 整体性原则

班级文化建设要坚持整体规划，规划要体现精品意识，使班级文化中显形文化和隐形文化相辅相成，又各有特征，进而发挥综合功能和整体育人效应。

7. 个性化原则

班级文化建设既要体现时代精神和学校办学理念，又要针对班级学生的实际，在简洁、整齐、美观、实用的基础上形成特色。

（二）班级物质文化管理原则

班级物质文化不仅包括班级活动环境、绿化美化、设施设备等班级硬件，还包括能够反映班级精神文化的对联、班徽、板报、橱窗、标语、雕塑等。班级物质文化是班级成员通过班级活动进行创造的，是一种体现精神价值的物质结构，这些物质形式是班级价值的具体体现。静态的班级文化是无言的诗、无声的歌，无论是班级的板报与标语，还是班级的橱窗，都应绘上时代色彩，并对现实有所反映。

在管理班级物质文化时，需要通过一定的载体才能实现，主要包括理念载体、环境载体、活动载体。其中，理念载体是班主任教育哲学思想的精华，体现了班级的育人价值取向，包括班级目标、班徽、班歌、班训等层面；环境载体指的是班级中的物质环境设计；活动载体是一种动态的班级文化，表现在科技活动、兴趣小组、运动会、艺术节、升旗仪式、班会、班级纪念日等层面。

班级物质文化管理应遵循以下原则。

1. 隐形性原则

班级物质文化是肉眼可见的，包括教室内的师生仪表、环境布置等，属于班级文化的硬件。班级物质文化体现了班级的育人价值取向，反映了班级文化基础与水平，能够对学生的学习与发展产生潜移默化的影响，具有隐性教育功能与教育效果。

2. 主体性原则

在建设班级物质文化的过程中，应注重学生在班级中的主体地位，将学生的主体性充分发挥出来。班级存在的最终意义是促进学生的发展、国家的富强，因此，班主任应通过引导，辅助学生营造有助于个体与集体发展的教学环境，进而形成对学生产生积极影响的班级文化，使学生在锻炼中实现能力的不断提高。

（三）班级制度文化管理原则

班级制度文化指的是由各种班级规章、程序、条令组成的条文及其行为模式、执行系统。班级制度文化会对班级成员的言谈举止起到约束作用，确保班级成员能够和谐地与他人相处，以及有序地生活、学习，进而保证了班级工作的有效运转。从本质上看，班级制度文化通过将以人为本的思想与科学的管理手段结合起来，促进学生主体性的发挥，以及学生的全面发展。另外，班级制度文化是形成优良学风与班风的基础，也是促进学生养成良好的人格品质、实现身心健康发展的重要手段。当班级制度管理不合理时，会对学生产生束缚作用，限制学生的个性发展。

班级制度文化管理应遵循以下原则。

1. 全员参与原则

在制定班级制度的过程中，不能完全由班主任做主，也不能只由班主任与班干部协商，应得到全体班级成员的同意，这样才能保证制度的合理性与全面性，使学生在心理上支持或不排斥这种制度，从而更好地约束班级成员的言谈举止，促进班级成员的良性发展。

2. 引领性原则

制度，本身可能是冰冷的，但应该是有情的。这里所说的"有情"有两方面的含义：一是制度的制定应充满人性化，不能压抑学生的个性发展，使学生有宽松的心理空间；二是指班主任及班干部在执行制度时应把握尺度，应按照制度的要求对他人进行善意的规劝与引导，用宽容的心对待学生，千万不能一棍子把人打死。

3. 循序渐进原则

接到一个新班，班主任都要确立符合学生个性发展需要的、充满人性的班级制度。起初的制度应该是低起点、低要求的，多数学生容易达到的，这将有利于优秀班集体的形成。在经历半个学期或者更长时间的适应期后，要对原有班级制度进行必要的修改，以保证制度的时效性、合理性。

（四）班级精神文化管理原则

精神文化指的是在教育教学中，经过不同社会文化背景、不同意识形态的交融，逐渐形成的文化观念与精神成果，它是一种深层次的文化，只能用心去体会，在班级文化中占据核心地位。班级精神文化由班级的文化、传统、历史与班级领导这一管理哲学共同孕育而成，集中体现了班级鲜明的、独特的个性风格与经营理念，反映了班级的追求与信念。

班级精神文化包含很多内容，比如，班级价值观念、班级道德、班级精神、班级哲学等。

班级精神文化管理应遵循以下两点原则。

1. 生活性原则

精神文化是意识形态的产物，它根植于生活，高于生活，所以，加强班级精神文化建设，既要有高于生活的观念的引领，又要有基于日常生活的实践指导。

2. 知、情、意、行相统一原则

精神文化的形成过程又是一个知、情、意、行的培养过程：提炼确立精神文化的内涵是前提；认识、理解、接纳内化是关键；持之以恒是保证；导之以行是精神文化建设是否有成效的标志。

二、班级文化管理的方法

班级文化管理是通过班级物质文化建设、班级制度文化建设、班级精神文化建设，实现班级成员的全面发展，以及促进班级组织的不断完善，这也是班级文化管理的根本目标。因此，对于班级文化管理方法，不可对学生采用命令性的工作方式，并且切忌空洞教条式的思想理论说教，真正做到管理与教育并重，感性与理性并存，指导和引导相结合，做到以理服人，以情动人，达到"润物无声"的效果。具体来说，可以采取以下八种方法：

（一）文化讲座法

文化讲座法即定期、限时、有的放矢地结合学生不同年龄阶段生理心理成长的需要进行一系列的文化讲座。文化讲座法是通过整合无条理的文化信息，用来说明一个整体概念的班级文化管理策略，具有较大的有效性。通过文化讲座，学生能够获取各种在课本上看不到的最丰富的知识，并逐步地将知识内化为人格精神。

（二）励志训练法

励志训练可以帮助学生树立远大理想，寻找人生目标，培养强烈的事业欲望，同时训练学生坚强的毅力、顽强的斗志和做事的持恒之心，使他们由温室里的花朵成为市场大潮中的弄潮儿。例如，用一些优秀企业对员工的训练法和市场经济最发达国家或地区的最成功人士的优秀励志训练法来有目的、有计划、有步骤地训练学生，对学生的成才能收到奇效。多年的实践证明，这样训练的学生进入大学、走上社会后的能力都超过一般人，在市场经济中，不论是在什么行业，他们大多很快脱颖而出，并且逐步地事业有成。

（三）精神激励法

精神激励法是从人的心灵深处激发、调动人的积极性的一种方法，是通过教师肯定某一思想与行为，促进教育目标的实现，以及学生的健康发展。一般情况下，精神激励法包括情感激励、榜样激励、荣誉激励、目标激励、信仰激励、成就激励等。

（四）团队管理法

团队是由多个为实现某一目标的个体组成的相互协调、具有一定集体荣誉感的正式群体。在学校，班级本身是一个大的学习团队，班级内又分成若干的小团队，它们为了一个共同的目标而组合，团队成员互相协作，取长补短，成为正式群体的学习团队。事实表明，教育教学是一项需要众多具有不同专长的人共同协作才能完成的事业，学生的成长更需要一种和谐的集体气氛，那么，由团队来做效果通常比个人好。班级中的团队可把班级中的多种优势、技能和知识糅合在一起，可以更加有效地满足班级成员学习、交友、能力锻炼与自我实现的需求。同时，它还给我们一个重要启示：班级中的每个人都有一定的创造性，在合适时让他们的智慧共同发光，将迸发出无穷的力量。

（五）自我教育法

自我教育法是指在教师和家长的启发引导下，青少年按一定的道德原则和规范自觉地进行自我教育、克服不良思想行为，以形成良好思想品德的方法。它包括建立在自我意识基础上的自我鼓励、自我指导、自我锻炼、自我评价等方法。自我教育的关键是激发、调动学生的主体意识。在班级管理中，主体意识有着特殊的作用和功能。当主体意识得到激发和调动后，它就能够自动地组织自我教育，实现自我教育的作用。而人只有在能够进行自我教育后，才能够自觉地调节和控制自我，成为一个有所作为、有所成就的人。

自我教育法包括设问法、诊断法、自我纪实评价法等。在班级文化管理中进行教育的主旋律，就是让学生自我设计、自我管理、自我评价以至最终实现自我教育。

（六）环境熏陶法

环境熏陶法是指创设一个有利于学生健康成长的显性和隐性环境，使学生在潜移默化中接受教育的方法。班级文化管理的实质是利用一切有利于学生健康成长的文化，创设一个好的环境，使学生在环境的熏陶下自觉与不自觉地接受教育，同时弘扬集体中好的典型的人和事，使其成为同学效法的旗帜。班级是一种无形的环境，对每一个人的道德观念和价值取向影响极大。

(七) 活动渗透法

活动渗透法即寓教于乐式，把教育渗透在愉悦身心的丰富多彩的活动中。在这里，寓教于乐是整体：乐是形式，是载体；教是目的。活动的指导思想在于通过"乐"达到"教"的效果。

班主任应充分利用学生课外活动时间，组织开展各种生动有趣的文娱活动，比如，书画、摄影、集邮、演讲、音乐、影评、球迷等兴趣小组，这不仅可以丰富学生的文化精神生活，调节学习生活的节奏，使学生在紧张的学习之余享受到更多的生活乐趣，而且能使班级始终充满活力，并对学生具有一种魅力，使学生潜移默化地受到集体主义精神的感染，取得单纯说教所得不到的教育效果。但是应该注意的是"乐"只是"教"的辅助手段，过分夸大"乐"的作用就会出现"娱乐至上"的错误倾向，这是必须注意防止的。

(八) 典型示范法

由于典型人物具有一定的号召力，通过思想感染，更容易使人们产生共鸣，从而形成人们一起"跟着做"的现象。一方面，应该充分发掘班级和学校中典型人物的现实意义，形成正确的导向，发挥班级文化的作用，利用学校网络、班级报栏、多媒体报告厅等，收听收看典型人物的事迹或邀请典型人物做报告，领略典型人物的风采，了解典型人物的成长。在感性认识的基础上，引导师生进行讨论交流，达成共识，形成争先创优、弘扬正气的正确导向。另一方面，班主任应该注重树立身边的典型，使他们看得见、摸得着，让学生感觉到更亲切，由此发挥更大的激励效应。同时可以制定相应的班规和创造相应的环境氛围，例如，凡被评为先进班组或优秀个人者均在班会上进行表彰，使全体师生学有榜样，做有方向。

第三节　中学班级文化的营造与管理

一、中学班级精神文化的打造

(一) 树立正确的价值观念，培育积极的班级舆论

班级舆论是班级文化的重要组成部分，积极的班级舆论就是班级中占优势和为大多数

人赞同的正确价值观念、态度和意见。它能影响、制约每个学生的心理，规范每个学生的行为，是学生自我教育的重要手段和推动班集体及其成员发展进步的力量。因此，在班级文化建设中，班主任要注重培育积极的班级舆论，用正确的价值观念引导学生。

1. 加强学习引导

培养积极的舆论，最关键的是让学生形成正确的价值判断。班主任要经常组织学生学习国家的法律法规、学校的规章制度和青少年道德修养等，逐步培养学生正确的世界观、人生观、价值观；教育学生用学生守则上规定的行为规范以及学校的各项规章制度来提高自身分析问题和道德判断的能力。

同时，班主任还要经常结合国际国内的时事，结合发生在学生身边的事以及学校各个阶段的工作重点，帮助学生形成自觉分析其中的是非善恶、荣辱美丑的习惯，使他们面对各种复杂的舆论，也能坚持真理，明辨是非。

2. 发挥榜样力量

榜样具有很强的说服力、号召力，引导学生向先进人物学习是形成积极班级舆论的有效途径。榜样可以是来自班级以外的先进人物，也可以是本班中的优秀分子。班主任要实事求是地树立班级中先进学生典型，引导学生向先进看齐。例如，对取得优异成绩、表现突出的学生授予各种荣誉，如"学习标兵""进步最快奖""运动健将""小能手""最佳行为模范"等，这样会在班级中形成一种崇尚先进的良好风气。

3. 充分利用宣传阵地

班主任要充分利用学校与班级的舆论阵地与宣传工具，扩大正确舆论的影响力。可以利用学校广播、黑板报、阅报栏、宣传橱窗、图书阅览室、名人名言警示牌等，大张旗鼓地弘扬正气和健康的思想，批评歪风邪气和错误的思想行为，从而在班上形成积极的舆论。

（二）确立班级奋斗目标，明确集体发展方向

1. 班级长期目标的确定

班级的长期目标应着眼于学生的终身发展，应该符合党的教育方针和素质教育的要求。当前，新课程提出的基础教育阶段的培养目标是：要使学生具有爱国主义、集体主义精神，热爱社会主义，继承和发扬中华民族的优秀传统和革命传统；具有社会主义民主法治意识，遵守国家法律和社会公德；逐步形成正确的世界观、人生观、价值观；具有社会责任感，努力为人民服务；具有初步的创新精神、实践能力、科学和人文素养以

及环境意识；具有适应终身学习的基础知识、基本技能和方法；具有健壮的体魄和良好的心理素质，养成健康的审美情趣和生活方式，成为有理想、有道德、有文化、有纪律的一代新人。班主任可以根据本班学生的年龄特点把以上目标转化为较具体的班级目标，如培养学生的"爱国主义、集体主义精神"这一目标，对中学生来说，可以转化为"能够关爱自己、关爱他人"，或者转化成"善待自己、热心帮助他人、与班级共荣辱"等。这样的班级目标既和新课程的目标一致，又具有可操作性。

2. 班级中期目标的确定

班级的中期目标应该着力于建设优秀的班集体或形成班级特色。一个优秀的班集体有以下特征：第一，有明确的共同奋斗目标，凝聚力强；第二，有健全的组织和精干的领导干部；第三，有正确的班级舆论和积极向上的班风；第四，有和谐的人际关系和良好的合作精神。

3. 班级短期目标的确定

班级短期目标应该是班级长期目标和中期目标的具体化，制定时可以与学校或班级的阶段性任务结合起来，体现在每次精心设计的教育活动之中。

由于班级目标是促进学生发展的一种规划，它应遵循教育的基本规律和学生的身心特点。总的来说，班主任在制定班级目标时应注意以下四方面：

第一，方向要明确。班级奋斗目标是全班师生共同努力的方向，是全班统一认识和行动的纲领。班级目标应该符合国家教育方针和素质教育精神的要求，它应该是国家培养人才的目标和学校教育目标在班集体建设中的正确反映。

第二，能发挥激励作用。班级目标应具有吸引力，它能激发班级成员的责任心、荣誉感，鼓舞大家为达到预定目标努力奋斗。

第三，要循序渐进。班集体目标的确立应是循序渐进的，近期目标是依据中长期目标而设计的，中长期目标又是通过近期目标的不断远成而逐渐实现的。

第四，要有可行性。确立班级目标，要难易适度，必须符合学生的生理心理发展特点、思想觉悟、生活经验及班集体发展水平等实际状况。

（三）设计班名、班歌、班训

班名、班歌、班训（班级口号）能以听觉的形式传达班级文化，是班级精神文化不可缺少的重要部分。

1. 班名

学校班级的名称通常是依据年级和班级的序号来命名的，如初一（1）班、初二（3）

班、初三（2）班等，这样的班级名称只是一个数字代码，没有个性和特色。班主任应和学生一起给自己的班级起一个既能体现班级特色和时代精神，又通俗易懂，具有激励意义的班名，如"扬帆班""雄鹰班""启慧班""晨曦班"等。

2. 班歌

班歌是班级精神风貌和班级特色文化的标志，它的思想内容就代表着班集体的精神，这种精神会给班级每一位成员以力量、勇气、责任感、荣誉感、自豪感的体验。同时这种体验会激励每一位班级成员为拥有美好的班级而更加努力，奋发拼搏。班歌的创作要根据班级的具体情况而定，有条件的班级可由班主任或学生自己作词作曲，班歌的旋律应该是活泼、奋进、欢快的，歌词应能集中表达班级成员整体的精神风貌、理想和追求，并得到班级成员的一致认可。没有条件的可以选择学生耳熟能详的、特别喜欢唱的歌曲为蓝本，让学生自己来编歌词；也可以直接选用现成的能反映班级成员心声的、积极向上的歌曲作为班歌，如《爱拼才会赢》《真心英雄》《让世界充满爱》等。

班歌的演唱活动对班级精神文化的营造有积极的促进作用。在开学典礼、学校集会、班会、晨会、联欢会等场合演唱班歌，可以形成一种声势，可以使学生在歌声中增强凝聚力、激发斗志、共鸣情感。

3. 班训

班训是班级精神的集中体现，一条好的班训具有间接而内隐的教育影响作用，是激励全班同学勤奋学习、积极进取的精神动力。班主任在确定班训时要从班级的实际出发，充分发扬民主，让班干部和同学一起参与班训的确定，必要时可以召开一次专题班会来讨论。这样确定的班训才能得到全班同学的认可，才能成为共同奋斗的目标。一般来说，班训不拘形式，以简洁、有特色为好。一个好的班训有以下共同之处：第一，有利于培养学生的学习能力，使他们学会学习、善于学习；第二，有利于培养学生的责任心；第三，有利于培养他们适应社会、适应环境的能力；第四，有利于培养学生的创新精神和实践能力。例如，有些班主任确定以下班训："人人负责，事事负责""细节决定成败，过程决定结果""学会学习，学会做人""自尊、自爱、自信、自强"等。

（四）建立和谐的人际关系

良好的人际关系不仅可以使学生全身心地投入学习，促进学生奋发向上、健康成长，还是体现班级文化品位的标尺。班级人际关系主要是师生关系和生生关系。

1. 和谐师生关系的建立

师生关系是班级生活中重要的人际关系，"亲其师，信其道"只有建立良好和谐的师生关系，才能取得最佳的教育效果。要创造和谐的师生关系，关键在于教师。首先，教师要做到公平对待每一个学生。对班级里不管是聪明或听话的学生，还是愚笨或调皮的孩子，都要一视同仁，不能厚此薄彼。其次，教师要真诚地热爱学生。教师对学生要怀有真诚的感情，尊重学生，关心、体贴学生，学生才会自觉愉快地接受教师的教诲。再次，教师要具有较高的师德修养，良好的外表形象，精湛的教学艺术。

2. 和谐学生人际关系的建立

如今的学生大多是独生子女，个性较强，自我为中心的倾向严重，这些因素不利于他们形成良好的人际关系。而学生间的人际关系，既影响学生的健康成长，也影响优秀班级的形成。因此，班主任要有目的地加以引导，强调学生之间交往要遵循守纪、理解、团结、互助的基本原则，促进学生形成和谐的同学关系；要多组织学生参加集体活动，如学校运动会、广播操比赛、歌咏比赛等。这样可以培养学生学会共事、学会合作的能力。

二、中学班级物质文化的建设

（一）布置"星级教室"，营造温馨学习家园

当前，我国中学教室的规格基本一致，教室的结构一般是前后各开有一个门，教室内的前后壁分别有一块黑板，左右墙壁各开有采光窗等。即使是这种统一规格的教室，班主任也应该认真规划、设计，布置好教室，精心打造温馨的学习家园。按照当前我国中学教室的格局，可以做如下安排：

1. 教室前后门面的装饰

教室的门是班级文化的"脸面"，一扇装饰得体、大方又有特色的门会给人留下深刻的印象，人们可以从门的装饰中感受到班级文化的品位，因此，班主任不可忽视教室门的装饰。教室前门的装饰要简洁，不可纷繁复杂，可以贴上班名或精心设计的班级标志（班徽）；教室后门的装饰要尽量展示班级的个性和特色，例如，有的班主任把全体同学和教师的照片设计成某种图案贴在上面。

2. 教室前墙的布置

教室前方黑板的正上方中央用于张贴国旗，国旗的左右两边贴上"班训"。班训制作并张贴出来后，班主任一定要利用班会或德育课时间向学生阐释班训的内涵，让学生领会班训的精神意义。黑板右侧（靠近前门的一侧）可开辟成"班级管理园地"，主要用于张

贴"课程表""时间表""班干名单""值日生安排表"等。黑板左侧的墙壁可以张贴"学生守则""班级公约""班干部职责"等。

3. 教室左右墙的布置

对于左右采光的教室，一般都把窗户面积做得比较大，中间没有多大的空间，但窗户的上面还是有一些空间，这些空间可以用来张贴名言警句（可以是师生自己的格言）或名人的画像。

4. 教室后墙的布置

教室后墙通常有一块黑板，用来办黑板报。黑板的上方，可以整齐地张贴班级荣获的奖状、奖牌。黑板的左侧（靠近后门）一般不做另外布置，右侧可以开辟成学习园地，用来展示学生的优秀作业或作品，如硬笔书法、学生习作、手工艺术制作等。

5. 办好黑板报或墙报

黑板报或墙报是教室布置的主要内容，是班级文化建设的一个重要窗口，是班级的"眼睛"。它既是班级物质文化建设，又是班级精神文化建设。

办好黑板报或墙报，不仅可以使整个班级更加美观，还可以让学生从中吸收知识、获取良好教益。因此，班主任要认真规划，加强引导，努力办好每一期的黑板报或墙报。

其一，每一期班报应该有一个鲜明的主题。可以结合党和国家在某个时期的重大事件或学校各个时期的工作重点选择富有教育意义的主题，也可以结合各种纪念日选择相关的主题。同时，还可以针对班级中的事件，表扬好人好事，支持先进人物和正确意见，批评各种不良思想行为等。

其二，黑板报或墙报内容的选择要起到对学生进行教育和宣传的作用。所选的内容要根据班级精神文化建设的需要，能体现班级集体舆论形成和班风发展的要求。

其三，黑板报或墙报是学生施展才华、倾诉心声、摄取知识的宝库。班级里应该培养一批自己的小记者、小通讯员、小主持人。从文字编辑、新闻采访到版面设计，可全由学生动手。

其四，黑板报或墙报在表现形式上要服从班级总体布置，在版面设计上要和教室的布置保持一致，构成和谐统一的整体。

6. 建好图书角和生物角

教室的四个角落中靠近前后门的两个角落一般不做安排，另外两个角落可以分别设置成图书角和生物角。

图书角。班主任要充分发挥图书角在班级文化建设中的作用，引导和鼓励每一个学生把自己最喜爱看的书和报刊拿出来与他人交流，既可以培养学生的奉献精神，又是对他们进行集体主义教育的有效举措。可以举行一些读书活动，如定期评选图书角的热心读者，每学期举办一次好书推荐会，举行介绍好书的征文比赛等。这些活动，可以充分调动学生的读书积极性，使图书角发挥其应该有的文化资源的作用。

生物角。生物角可放置盆花和鱼缸，供学生观察，使学生亲近自然、热爱生物，激发他们的好奇心和求知欲，且能增加教室内的生机。盆景等的绿色植物还能够调节教室的气氛。这些植物或动物可以是学生从家里带来，也可以凑零用钱买来。在管理上，可以安排学生轮流负责照看，也可以安排专人负责，这样也能够培养学生的爱心和责任心。

7. 班级网站建设

随着信息技术的迅速发展，网络已经成为人们交往和获取信息的重要渠道。当前，许多学生天天上网，成为"网虫"，甚至是"网迷"。班主任应以积极的态度看待网络的发展，占领网络这块教育阵地。制作班级网站（或网页），不仅能发挥学生的积极性和创造性，而且还能把班级文化展示在超时空界限的网络平台上。因此，建议那些有条件的班级积极地建设班级网站。

班级网站的首页可以显示班训、班级标志、班级动态信息等，在网站中开设班级论坛、班主任信箱等，这样不仅增加了师生交流的渠道，而且有利于提高班级的管理效率和水平。

（二）班级物质文化建设的基本要求

1. 班级物质文化建设要精心设计，合理布局

教室的布置应根据学生年龄特点，在整洁、美观、大方的基础上，力求知识性、趣味性、艺术性。教室布置的色调要和谐统一，颜色不宜过多、过于繁杂。教室布置物的制作以及摆放必须讲究艺术性，总体上要符合心理学和环境学的要求。

2. 班级物质文化建设要发挥学生的主体作用

班主任应该充分调动每名同学的积极性，带领全班同学用自己的智慧和双手来美化教室环境，使他们在建设班级文化中得到锻炼和教育，培养自治精神。

3. 班级物质文化建设要体现班级精神

班级的布置，墙壁上贴的书画，必须是积极向上的，具有感召力和鼓动性，要能体现

班级精神、班级特色和奋斗目标。尽量选用一些能催人上进的名言警句，或学生所敬仰的名人画像和富有哲理的格言等。

4. 材料的选用

材料的选用要以不易褪色、质轻好装卸、好粘贴且不易留下痕迹、经济实惠为佳。

5. 干净、卫生

教室的卫生是班级文化的环境基础，洁净的地板、摆放整齐的桌椅、一尘不染的窗户、淡淡的花香味，这样整洁、清新的教室让人感觉到舒服、愉悦。这不仅影响学生的身体健康与发育，影响学生的脑力活动与视力，而且影响学生的心理健康、学习效果和文明行为习惯的养成等。

三、中学班级制度文化的设计

（一）班级制度的制定

班级制度可分为外部制度和内部制度。外部制度指国家、各级教育主管部门、学校颁布的各个班级学生都必须遵守的制度，内部制度指由本班全体成员针对本班实际情况而制定的本班成员共同遵守的制度，如班级公约、班级岗位责任制、班级一日常规、考勤制度、奖惩制度等。

1. 班级公约

班级公约是班级每位成员必须遵守的行为规范和准则，目的在于使全班同学形成良好的学习、生活习惯，提高遵守纪律的自觉性。

2. 班级岗位责任制

岗位责任制是担任一定职务的学生的行为规范。通常有班长职责、团支书（或少先队中队长）职责、课代表职责、劳动委员职责、学习委员职责等。

3. 其他常规制度

如考勤制度、卫生制度、纪律制度、文明制度、奖惩制度等。

班级规章制度虽然是班级制度文化的重要组成部分，但班级制度的制定并不等于自然而然地形成了班级制度文化。当一个学生的某种行为通过反复的调整之后成为一种习惯，当大多数学生都按一个大致相同的标准而就某种行为形成同一习惯的时候，这种集体习惯便会升华为一种制度文化。

班级制度文化的形成与巩固需要建立相应的监督执行机制，这主要通过建立健全的组织和培养精干的班级干部来实现。

（二）班级制度文化建设的基本要求

1. 要把握正确的方向

班级规章制度在内容上要与班级精神文化所倡导的价值观一致，尤其要以中学生守则、中学生日常行为规范以及学校的校规校纪为依据，不能与国家的教育政策、法律法规相违背。

2. 要发扬民主

班级的规章制度是用来规范全班同学的，必须得到全班同学的认可，才能得到有效的执行。因此，该不该制定制度、制定怎样的制度、怎么保证制度的执行等，都要在广泛征求全体同学意见的基础上来确定，而不能由班主任或者班委会几个人来定。只有在民主基础上制定的规章制度，才会得到班级全体成员的认可并自觉维护与执行。

3. 要发挥学生的主体作用

班级制度文化的最终目标就是让学生形成自我管理的性格。因此，班主任要充分调动每个学生的积极性，让他们参与班级的管理，尽量让全班学生有职任、有事干，例如，魏书生让学生当"花长""门长""值日班长"等。

4. 要注重正面引导

制定班级规章制度的目的并不一定在于防止学生犯错误，而应更多地着眼于正面引导。如在班级公约中以"节约用电是美德，出教室前请关闭电灯、电扇""值日生放学时请关好门窗""图书管理员要时刻保持书籍的整齐"等条款来引导学生的正确行为。

5. 要体现人文关怀

在班级规章制度中不要出现冰冷强硬的字眼，如"禁止""不准""不要"等，而应该把一些充满温情、关爱、希望的字眼运用到制度条文中来。

例如，用"保持自己桌椅的洁净"来代替"禁止在桌椅上乱写乱画"，用"上课积极发言，营造活跃课堂气氛"代替"不要破坏课堂纪律"等。

6. 要符合本班实际

每一个学生的个性不同，不同的班级也有不同的特点，即使是同一个班级在不同的时期也会出现不同的状况。班级规章制度的制定应根据班级文化建设的实际情况，或根据班级现在或将来可能出现的某种倾向来制定，既不能定一个制度就一劳永逸，也不是制度越多越好、越全越好。

第四节　中华优秀传统文化融入班级文化建设

班级文化是教育过程中一支不可忽视的力量，是整个班级精神风貌的内在核心。如何更好、更有效地来建设班级文化，传统文化融入其中是一个很好的方式。通过探索传统文化在班级建设中的实施路径，可以从教师到学生、从班级硬文化到软文化、从校园平台到网络平台等各方面、各个角度进行研究，寻求自身的班级共同价值观和文化精神。

班级是学校的细胞，是学校教育活动最基本、最稳定的基层组织，也是学生学习生活的基层集体。班级文化是各成员在长期的相处中形成的共同认识、价值观、行为准则，是被大多数同学接受和认同的一系列意识形态。班级文化是整个班级建设的核心，建设良好的班级文化无形中是一种教育力量，对班级管理、学生价值观的塑造都会有莫大的帮助。同时，班级文化作为校园文化的一部分，通过开展班级文化建设能够加强学校对中学生的精神文明建设、素质教育建设。

一、传统文化的实用价值

（一）传统文化的基本特征

与世界其他民族相比，首先，中国文化在时间上表现出长久、内容上表现出连续的系统性。从炎黄始祖中华文明伊始，历经风云变幻、沧海桑田，它都在紧跟历史的车轮向前发展推进，已有 5000 年之久。另外，中国传统文化是有连续性的，伴随历史的动荡起伏，中国传统文化自成系统，延续传承，这样的生命力是我们骄傲于世界其他各民族的。

其次，中国传统文化表现出多样性的特点。中国是一个多民族的国家，历史上中国经历了多次的统一和分裂，政治上有过汉民族的统治也有过少数民族的统治。在文化上，以中原的汉文化为主，与各少数民族文化碰撞，求同存异，融合吸收。中国文化在发展中出现汉文化与少数民族文化共同发展的局面，而它们都成了中国文化的一部分。

最后，中国传统文化在教育上有"重德"传统。中国传统社会是一个注重人伦、宗法的伦理性社会。人们特别重视把伦理规范作为行为主体的评判标准。儒家文化作为中国传统文化的主流，特别注重道德修养，孔子主张的核心精神"仁"，提出"仁者爱人""杀身成仁"，孟子将其"仁"的思想扩展为"义"，主张"舍生取义"。"仁义礼智信"向来都是中华民族人际交往的信条，在人们的思想意识里占据重要的位置。

（二）传统文化对班级文化建设的价值

1. 在班级日常管理方面

中国的百家思想可以运用其中。如儒家倡导的"仁爱""人本"思想，可以作为班级管理的重要理念。尊重学生、关爱学生，与学生建立平等、民主的关系，以学生为本，当我们真正做到这些的时候，自然也会赢得学生的尊重和理解。长此以往，学生"亲其师，信其道"，教师的威严也会在无形中建立起来。再如，法家思想的运用，俗话说"无规矩不成方圆"，法家主张的"不别亲疏，不殊贵贱，一断于法"，对于班级的制度建设具有重要意义。一个班级就是一个集体，同学们要用班规来约束自身的行为，同样，教师也需要用公平、公正的态度，用合理、科学的制度来引导学生的行为习惯。教学中，学生是主体、教师是主导，因此，学生自主全过程管理也是学生管理工作的有效手段，可以借鉴道家学派的思想。老子的主张"无为而治"，运用在班级管理时，就是留给学生足够的空间，让学生提出班级建设的意见和建议，让学生自己对自己的学习和生活进行规划，教师从旁适时指导，给学生一个机会让他们更好地展示和发展自己。

2. 在价值观的形成方面

传统文化中有优秀的思想因子。中国传统文化博大精深，学习和掌握其中的各种思想精华，对树立正确的世界观、人生观、价值观很有益处。由此可见，用传统文化建设班级文明，对学生正确人生观、价值观的塑造是一种无形的教育榜样。

3. 在素质修养的塑造方面

校园不仅是学生学习知识和技能的场所，还是个人修养和素质塑造的地方。传统文化中包含的对个人道德标准要求、人际交往原则，充分运用可以很好地起到对学生的引导作用，帮助学生个人修养的塑造，培养学生成为懂规矩、知礼仪、讲孝道的社会主义接班人。

二、传统文化融入班级文化建设的路径

（一）教师要不断学习，加强对传统文化的认识

在学校中，教师不仅是学生知识的传授者，更是学生精神的引路人。所以，教师的思想意识会对学生形成很大的影响。班级文化建设过程中，教师是主导，尤其辅导员，是与学生接触最密切、最亲近的教师。辅导员要对整个班级文化定下基调，无论是辅导员自身

的人格魅力还是思想偏好，都会成为班级文化的主流思想。因此，传统文化要融入班级文化建设中，首先需要辅导员教师在思想上重视和观念上认同，辅导员加强对传统文化的学习，增加自己的文化深度，提高文化素养，这样指导下的班级文化建设才能更加有质量和广度。

除了辅导员，其他代课教师也需要增加传统文化的知识量，代课教师在授课过程中，自己的一言一行都会潜移默化影响到学生。所以，除了辅导员有意识地进行班级文化建设，其他教师也需要提高自身素养。可以实施的途径有很多，比如，学校定期举办文化讲座，邀请校内校外传统文化方面的学者来校做报告；还可以在每年的师风师德建设中将传统文化的学习作为内容之一。

（二）充分利用平台，加强传统文化宣传

首先，从班级的角度讲，在班级建立制度时，可以把儒家和法家思想结合起来运用，既能遵循以人为本的原则，又能严格管理。在制定过程中，让同学们积极参与，充分表达意见和建议，激发起学生主人翁意识，当制度建立之后，就成了班级的"法律"，需要严格执行。遇到像迟到、旷课等违规行为，不管是班干部还是普通成员，都要依照制度进行惩处。另外，教室也是可利用的平台。可以在教室墙面上做传统文化宣传墙，由学生自己设计和负责填充内容，并且要求定期更换。这样学生既能在负责内容过程中学习到相关知识，又能在平时观看时无形中受到教育。

其次，从学校的角度，校园内很多场所也能成为传统文化宣传的平台。校园本身就是精神文明的体现，校园环境建设时融入传统文化元素，可以营造出浓厚的历史文化氛围，学生每天路过一些亭台、长廊时，总能在有意识或无意识间感受到文化气息。此外，学校的图书馆也可以开展经典阅读、国学推荐等一系列"文化进班"活动。充分利用图书馆这个平台，向同学们宣传文化类书籍，鼓励同学们增加阅读量。

最后，从信息化的角度，新媒体已经成为简易有效的可用平台。网络给人们的生活提供了很多便利，尤其被年轻人所喜爱，所以，传播传统文化也可以充分利用网络这一平台。学校、班级基本上都建立了自己的微平台公众号，可以每天推送一些传统文化相关的知识或小故事等内容。此外，还有班级 QQ 群、微信群、微博等软件，可以组织同学们开展主题讨论。通过借助网络，将知识的传播变得更有趣味，更加受欢迎，成为学生的隐性课堂。

（三）结合传统文化，丰富班级活动

班级文化的建设离不开丰富、有效的班级活动。通过集体活动，能充分调动同学们的

积极性，增强凝聚力，增加班级荣誉感。通过参加班级活动，学生还能够开阔视野，增长见识。总之，班级活动能促进学生知、情、意的全面发展。可以分为校内和校外活动。学生们在校的时间可以组织大量校内活动，形式可以有三种：

1. 主题班会

每个班级两周就会举行一次主题班会，可以把传统文化知识列为专题，利用主题班会向同学们传播。比如，"礼仪文化"，可以专门向同学们讲古代礼仪、礼仪的发展等。再如，诚信教育，可以借助晋商文化，通过讲解晋商精神，让学生认识诚信的重要性。

2. 传统节日

传统节日也是我国传统文化很重要的一部分，但是现在学生对传统节日的了解和重视程度远不及西方节日。所以，我们可以利用传统节日这个载体，组织有效的班级活动，增强学生感恩、孝道、和谐的观念。

3. 文本导读

经典文献是古人智慧的精华，比如，《论语》《孟子》《弟子规》等，选取适合学生阅读的文本，以班级读书会的形式共同学习或者以兴趣小组的方式分组学习，并定期组织讨论会，让同学们互相交流心得，互相促进理解。长此以往，学生会在精神上形成共鸣，对传统文化加深认识，对班级精神形成认同。

假期时，可以组织同学们进行课外实践活动。充分利用当地及周边的文化资源，进行文化教育。形式如下：

（1）文化遗址参观

我国历史悠久，每个地方都是有故事的。比如，古城文化、红色胜地、名人故居等，我们可以充分利用当地的文化资源，带领学生实地参观，让学生身临其境领会传统文化精神。

（2）博物馆参观

博物馆就像是历史的缩影，学生可以在博物馆中感受中国的文化底蕴，领略传统文明。

总之，班级活动的形式是多种多样的，我们也可以不断地创造出新颖的活动形式，但是目的都是要通过传统文化的融入来加强班级的文化建设，形成班级精神。班级文化建设作为学生工作的一部分，最根本的目的是育人。本文着重研究了传统文化在班级文化建设中可实现的路径，通过把传统文化作为班级文化建设的一个支点、一条途径，其目标是要形成自己的班级精神，加强学生的精神文明建设。

第七章

中华优秀传统文化与班级教育

第一节　班级管理中的师生互动

一、班级管理中师生互动的教育意义

（一）师生互动的基本内涵

1. 师生互动的基本含义

互动有广义和狭义之分，广义的互动是指一切物质存在物的相互作用与影响。我们通常所说的互动是相对狭义的互动，指在一定社会背景与具体情境下，人与人之间发生的各种形式、各种性质、各种程度的相互作用和影响。作为一种特殊的人际互动，师生互动是指在师生之间发生的各种形式、性质和各种程度的相互作用和影响。师生互动是一个包含互动主体、互动目的、互动过程、互动结果等要素的动态和静态相结合的系统。

班级管理中的师生互动是个体社会学习的过程。从其教育目的看，突出教师对学生的道德、精神生活和价值的倾向性进行有目的的干预影响，使学生实现社会化，成为公民；从其内容看，主要是传递社会基本价值观、道德规范及行为方式；从其参与角色看，教师代表社会，学生为受教育者，师生关系是非对称的、不平衡的；从其影响方式看，学生是在不断交往中了解社会，学会处理人际关系，其中有制度化的显性影响，也有非制度化的潜在影响；从其影响深度看，潜移默化的熏陶可能更有影响力。

2. 师生互动的特征

师生互动是一种具有特殊性的人际交往活动，既具有人际互动的一些共性，也有不同于一般人际互动的一些特性。

教育性和规范性。教育性是师生互动的核心价值所在。培养人的学校教育活动是有着

鲜明的目的的，即学校教育的"成人"价值。在师生互动中，无论是师生的身份还是互动的目的、内容和互动发生的途径、情景，以及由此形成的师生关系等均体现出明显的教育性特征。由于教育性是师生交往的核心追求，师生间的交往并非自发、盲目、自在和无意识的，而是需要有高度的自觉性以摆脱一般交往的良莠难分、利害并存的局面，避免异化、消极、负面的影响。为保障教育性，师生在特定教育情境中的相互影响与相互作用都要履行特定的职责，都要遵循相应的教育规范。规范性是师生交往教育性的基本保障。

交互性和连续性。师生交往的交互性建立在师生角色内涵相互明了的前提上。互动中的各方总是基于对方的行为做出自己的反应。一方面，双方根据对自己所处形态或者角色内涵的认定以及对方对自己角色内涵的预期，主动调整自己的行为使之符合对方的要求，或者引导对方达到自己的预期，构成师生影响的双向交互性；另一方面，这种交互性还表现为多向的，师生、生生甚至师师之间都要有互动，师生个体的成长都依赖其他师生个体的成长，即师生都在彼此互动中成长。同时，师生间的这种双向、多向交互影响不是一时的、间断的，而是连续的、动态的；不但在互动当时对师生双方产生较大影响，还会对其以后的互动产生影响，从而表现为一个既交互又连续的动态过程。

系统性和复杂性。师生互动不仅限于师生之间的相互作用，还对班级教育系统中的其他人及其互动产生影响，扩展到了师生双方各自与其他学生、教师、学生家长相互之间的互动，从而表现出交互的系统性（生生互动、师师互动、亲子互动、亲师互动）。同时，师生互动绝不仅是师生双方交往或各自个性、特征的总和，而是一个受多方面影响的、包含多种成分在内的综合系统。师生双方以往的交往经验、相互间的认识、对交往和双方关系的期待、互动过程中双方不同的反应，甚至外界的评价、对互动双方行为的反应等，都会影响到师生互动，并进而影响互动效果和教育效果。

组织化与非组织化。师生互动通常有明确的目的、内容与预期目标，是为完成特定教育任务而有目的、有意识地开展的，如班级课堂教学、集体教育活动中的师生互动即多有此特征，是一种组织化的师生互动。但在充满了教育性的学校教育活动中，师生间还存在大量非组织化的互动。如师生在课堂教学、集体教育活动之余的日常生活中的个别接触、对话交流等是非组织化的，但为师生间更充分和更有效地相互影响，特别是对学生情感影响、行为培养与人格熏陶等提供了宝贵的时机和空间。

（二）师生互动的意义

1. 良好的师生互动促进学生的全面发展

师生互动的和谐度与教育信息传输的有效性呈正相关，师生互动直接影响信息的传输、接受和内化程度。师生互动本身就是一种重要的教育影响因素，不仅为学生的学习认知发展提供"心理场"，更对学生的社会性发展，尤其是情感、人际交往、自我认识、自我评价的发展具有重要作用。国内外一些相关研究已表明师生互动的质量是影响学校教育质量的重要因素。教师期望是教学过程中对学生产生影响的一个重要因素，而且事实上教师期望所产生的效应是有正负之分的。国内一些学者的研究也表明，教师的互动行为是存在对象差异的，以对学生共同的爱与尊重为前提适当的互动差异有助于激发学生的学习动机。教师期望不仅直接影响学生的学业成绩，也直接影响学生社会性交往中的同伴接纳，进而对学生学校生活满意度产生影响。另外，教师领导行为模式与学生心理健康有较为密切的关系。教师领导行为模式为民主型的学生，其心理健康水平明显好于权威型和放任型领导下的学生。就班级管理而言，在积极的师生互动中，教师往往采用民主的方式管理班级，教育效果一般很好；而在紧张、消极的师生互动中，教师的管理方式往往充满专制和压制，学生的对抗情绪严重，班级管理效果很差。积极的师生互动不仅影响师生双方的互动本身，还对亲子互动和同伴互动具有引导作用，并能弥补亲子互动和同伴互动的不足，为学生的发展提供一个良性的成长环境。由此可见，师生互动的质量直接影响学校教育质量，影响学生的全面发展。

2. 良好的师生互动促进教师专业发展

师生互动不仅影响学生的全面发展，而且还影响教师的专业发展。首先，教师教育观念和教育行为是在师生互动中体现的，也是在师生互动中得以转变和改善的。因为教师对学生的各种指导、教育都要通过师生互动来实现，师生互动是各种教育影响直接或间接地作用于学生的必经途径。教师只有在师生互动中认真思考教育理论，仔细观察分析学生的心理发展，注意调整自己的教育行为，才能真正提高教育质量和效果。在具体教育情境的实际互动中，教师可以得到锻炼，从而提高自己的理论水平，改善自己的教育行为。其次，良好的师生互动还可以提高教师的教育教学效能感。良好的师生互动像润滑剂一样，使得学生更乐于接受教育影响，从而提高教育效果，因此，提高了教师对教育的作用和自己教育能力的信心。再次，师生互动还可以改变教师的个性特征。许多研究发现，在积极的师生互动中，教师可能更多地表现出民主、合作、耐心、乐观等特征；而在不良的师生互动中，由于受教师与学生之间的对立、冲突以及消极的情感体验影响，教师呈现出缺乏耐心或过于严厉，或者对学生冷漠、急躁、悲观等态度。

3. 良好的师生互动促进师生之间人与人关系的形成

师生关系是学校生活中最为普遍和主要的人际关系，是从属于学校教育活动的人际关系，是师生互动的动态结果。在良好的师生互动中，教师与学生之间不再是主体与客体的

"我—它"关系，而是"我—你"的关系。师生间这种"我—你"的关系，是一种互相对话、包容和共享的互动关系，是一种人与人而非人与物的关系。由此，师生之间更加关注"主体间"的平等、理解、对话。对师生互动中师生间关系的这种理解，克服了以往忽视学生主体地位的不足，把教师和学生都看作真正意义上的人，确立了师生尤其是学生作为主体的人在师生互动中的地位。因此，师生互动是师生关系的动态反映，一个学生如果在整个受教育阶段从来没有在师生关系中体验过教师的平等对待，从来没有通过教育活动经历过民主的过程，或者始终处于尊严被漠视、权利被剥夺的境地，如此，他的思维和行为将只是在服从或反抗的两极间游走，绝无机会学会以民主平等的方式为人处世。那么，有朝一日他正式进入社会生活后，又如何能够成为民主社会的合格成员？

二、师生互动的类型

（一）从教师领导方式的角度看

从教师领导方式的角度看，师生互动可分为三种类型：教师命令式、师生协商式、师生互不干涉式。这种观点的代表人物是利比特与怀特等人。

教师命令式。教师常以命令控制行为与学生的顺从顺应行为进行互动，但是往往会与具有侵犯性的学生发生冲突。在这种互动行为类型下，学生能够迅速地完成学习任务，师生能够高效率地达到预期目标，但是学生可能表现出消极情感，如紧张、敌意和侵犯等。在这种互动行为类型下，师生之间是控制与服从的关系。

师生协商式。教师用较多的时间与课堂里的成员联系沟通，建立起班级成员之间（学生—学生、教师—学生）良好的互动模式，鼓励学生对教学目标和方法、课堂行为规范的制定等发表个人意见，主动参与课堂互动，以便对教学过程中的活动取得一致意见。教师注重激发学生学习的积极性，让学生认识到只有通过每个人自身的努力，才能实现师生共同的课堂教学目标。在这种互动类型中，学生个性情感发展良好，如自信、主动、积极、友好、合作等。但教学效果，尤其是学习成绩的提高，不如在教师命令式下显著。在这种互动行为类型下，师生之间是民主协商关系。

师生互不干涉式。课堂上教师根据事先的讲稿、教案对教学内容进行讲解说明，不对学生提出明确的学习目标和要求，不参与指导他们的学习行为，采取听之任之的态度，学习与否与怎样学习完全由学生自己决定。在这种互动形式下，学生的学习成绩和个性情感两方面发展都不理想。学生缺少学习和生活经验，需要教师进行必要的指导，如果教师放任不管，学生大部分时间就都只能在摸索和彷徨中度过，造成学生既无学习成效又对课堂教学产生厌倦等消极情感。在这种互动行为类型下，师生之间是相互疏远的关系。

我国学者吴康宁等人根据师生互动行为属性，将师生互动分为控制-服从型、控制-反控制型和相互磋商型。

需要说明的是，教育过程要实现目的是需要教师权威的，中外教育概莫能外。但师生互动要注意克服两种情况：一是过分突出正式角色，忽视非正式角色；二是权威主义色彩浓厚。要把握好教师在师生互动中的主导作用。

（二）以教师行为对象来划分

以教师行为的对象来划分，师生互动可分为师个互动、师班互动和师组互动三种。这是我国学者吴康宁等提出的观点。

师个互动，即教师行为指向学生个体的师生互动。具有预期目的与明确对象的师个互动行为常表现为提问与应答、要求与反应、评价与反馈以及个别辅导、直接接触等。这种类型较明确地显示出在特定教育教学情境下教师对学生教育的个别指向性以及学生对教师的互动行为的回应。

师班互动，即教师行为指向全班学生群体的师生互动。学生此时认为，自己对教师行为的反应是群体反应的一部分，而不是区别于他人的独立个体行为。这种互动常见于课堂组织教学、课堂讲授、课堂提问、课堂评价以及班级集体性教育活动的组织开展等过程中。

师组互动，即教师行为指向学生小组的互动，是教师针对学生小组群体而进行的讲解、辅导、评价等。

在我国目前中学课堂师生互动行为类型中，师班互动和师个互动是主要形式。学生小组在教学中并未成为有意义的互动群体。

（三）依据互动双方的相互依赖和结合的程度

依据互动双方的相互依赖和结合的程度，可将师生互动分为非对称互动模式、反应性互动模式和对称性互动模式三种。

非对称互动模式，指一方行为不由自主地受对方的影响，而对方按自己的意向行事。双方可区分为施动方与受动方。施动方依据其在情境中的主导地位而扮演"操纵者"，受动方则被动地受其影响，而没有主动影响对方的意识，施动与受动间的互动质量主要取决于施动方主动了解对方意愿的程度。在这种课堂互动之中，教师通常承担教学情境的全部责任，操纵学习者及其学习，企望学习者行为及变化与其教育期待相符合。教师也试图主动了解来自学生的信息，并校正自己的教育行为，以期获得更为有效的控制力。

反应性互动模式，是非对称互动模式的派生形态。其与非对称互动模式的区别是受动方主动按施动方的意图去行动，产生反应。学习者主动了解教师的期望和要求，主动接受其规范。学习者主动接受规范的意愿往往能强化教师的教育权威感，但来自学习者的反馈信息也较易偏向于教师意愿，而失去真正的互动效果。

对称性互动模式，是纯粹的相互作用模式，参加这种相互作用的双方，按照自己的意图，认真地对对方做出反应。可以说双方互为施动者和受动者。学习者主动了解教师意图，主动参与到教育过程中来，并给教师提供有关学习者思想内容和学习过程的有价值的信息。教师主动了解学生，以激发学习者的主动性和最大潜力为出发点来改善教育过程。教师依据学生的主体状态来调适教育行为，并不表明教师处于课堂上不重要的地位，而实际上是要发掘更大的课堂效益，这恰恰体现出更高境界的教育自觉性。

（四）依据课堂中师生间沟通方式的差异

依据课堂中师生间沟通方式的差异可将师生互动分为直接双向互动模式、间接双向互动模式、直接多向互动模式和间接多向互动模式。

直接双向互动模式，又称为外显的双向互动模式。表现为双方都主动影响对方，并主动寻求对方的反馈，调整自己的行为。影响与被影响是面对面活动的结果，具有可直接观察的特征。在实际的课堂教学情境中，师生行为间互相直感式的影响源较多，但由于师生关系的特殊性以及目前我国常规课堂教学方式与教学条件的局限性，直接双向互动通常并不是均衡的互动，而是教师更为偏重一些，主动一些。学生通过教师的教学活动直接接受影响，致使自身的行为或行为潜能发生变化。学生对教师也有直接影响，比如，向教师反馈信息，包括自己的学习、对教师的评价等。

间接双向互动模式，又称为内隐的双向互动模式。其主要表征为双方并不直接传递影响和反馈信息，而是隐含在非互动信息之中，通过双方的体悟完成互动信息输出或接纳，不可观察但可觉察。这种互动模式也具有不均衡性，往往相对的施动方的互动信息更具显性，意图明显，更易觉察，而受动方的互动信息则相对隐性。

直接多向互动模式，又称为外显的多维互动模式。互动方不囿于师生之间，而扩展为教师—学生、学生—学生个体、学生个体—学生群体、学生群体—学生群体等的多方互动。在这种互动模式中，上述各方有充分地直接发生互动的途径，互动的信息量更大，彼此影响也是多方向、多层面的。在目前我国现有教育条件下，这种互动模式是比较切实可行的理想的互动模式。实现这种互动模式的课堂教学途径很多，操作也不困难，比如，课堂讨论、小组活动、评议会、讲演会、各类竞赛等，都适用于发挥多向互动的作用。

间接的多向互动模式，又称为自发的多维互动模式。在现代教育技术充分运用的学校教育教学中，此种互动模式将更为频繁地出现。较之直接的多向互动模式，引发互动的介质发生了变化。现代化的教学媒介能够保证互动各方的"接触"，但相对间接，这是更为复杂的互动模式。互动的主动方与被动方不断互动，并在主观的前提下进行互动，互动信息经间接媒体携带与传输。反馈间接、内容体系庞杂，给这种互动方式以更广阔的互动空间和更繁杂的互动因素，也必将加大对其进行控制的难度。

三、班级管理中影响师生互动的主要因素

（一）清晰的自我意识

清晰的自我意识，即对自己的全面了解和认识。在师生互动中，师生双方需要对自己有准确的定位。教师有清晰的自我意识，把自己定位在既是教育者又是受教育者的位置上。一方面学生遵守作为教育者的社会规范并履行作为教育者的社会职责；另一方面教育者先受教育，对互动中的自己做全面审视，时常学习、注重反思，在学习和反思中不断提高自身在师生互动中的"资本"，使学生有清晰的自我意识，认识到自己是正在成长过程中的学生，需要有教师的帮助和指导，把自己定位在受教育者的位置上。一方面遵守作为受教育者的社会规范并履行作为受教育者的社会职责；另一方面还要意识到自己是有独立人格的人，主动接受教育，不断完善自我。正确的定位促使双方目标趋于一致。自我意识越清晰，越能积极主动接受对方的影响，并在教育过程中做出一定的选择。同时，师生双方对自我个性风格、特征以及个人发展需要有清晰全面的了解，师生互动及由此形成的师生关系可以理解为"师生双方特征结合的产物"或"交往的结果"。在互动中与对方坦诚相待、真实投入，以获得对方的理解，从而促进积极的（对话）互动。

（二）共同的教育目标

共同的教育目标是师生互动合作的基础。没有共同的教育目标——谋求学生的全面发展，也就无所谓教育活动以及师生互动、师生关系了。师生双方目标一致，在教育活动中就会同心同德形成合力，相互产生依赖，彼此主动协调，采取相应的步骤，努力实现教育目标，从而发生双向的积极影响作用；师生双方目标不一致，就会出现互动不畅，学生或者不能理解和接受来自教师的教育要求，或者被动接受而产生被迫感，在师生之间形成矛盾甚至冲突。可见，对共同目标理解得越深刻，合作性越强，对对方的影响力就越大，互

动就越充分。教师在班级建设中要允许并尊重每一个学生有个人自我发展的个性化目标。不仅如此，班主任还要通过自己的工作引导学生确立发展的个性化目标并使之能整合到班集体发展的目标中，从多种角度寻找与学生个体发展相适应的教育和自我教育的切入点来组织班级的各项活动，让每个学生都尽可能在活动中大显身手，在成长中体验自身的尊严和价值。

（三）相互的了解

相互的了解是指师生双方对对方的全面了解和理解。相互了解是师生互动能有效开展的前提，教师要最大限度地影响学生，其前提是要有针对性，这就要全面了解和研究学生，不仅包括其家庭背景、个性特点、周围环境、成长经历、各方面发展情况及发展需要、情感和人际关系，还包括师生以往互动的状况、互动的行为模式等。这样才能具备在互动中成为学生人际关系中的"重要他人"的条件。学生要主动接受教育，也必须了解教师对他的关心和期望，并对教师传递的社会价值观念、道德行为规范以及教师自身的为人处世、道德品质给予认同。实践证明，一个人是否接受对方的影响，以及在多大程度上接受影响，不在于对方实际的力量，而在于对对方的知觉程度。如果学生对教师不了解、不认可，哪怕教师的出发点再好，自身道德水平再高，对他人的影响再大，也不可能成为学生的"重要他人"。

（四）适切的教育期待

期待即期盼、等待的意思。期待是一种刺激，会产生积极的效应，即期待效应，通常是指在人际交往中，一方充沛的感情和较高的期望可以引起另一方微妙而深刻的变化。这在心理学中已为著名的"罗森塔尔效应"所证实，成为今天赏识教育的理论基础。教育期待即是教育过程中师生双方对对方的一种指向教育性的期待，教师对学生寄予厚望，就会给予鼓励和肯定。如果这种期待是恰当、适切的，是学生经过努力可以达到的，学生为了实现教师对他的期待，必然加倍努力，以达到教师期待的目标。同样，学生基于自己的发展水平和需要，对教师也抱有自己的期待，希望教师给予适合自己的指导和帮助，如果教师了解了学生的发展需求，给予指导并表达出不同的教育期待，学生的发展就是可待实现的。学生的成就会进一步影响教师使之看到自身的价值，会进一步给予学生更多的关心与更高的期待，从而实现师生互动的良性循环。

（五）真诚的沟通与对话

师生互动不仅是认知的互动，更是一种情感世界和精神世界的互动——生命价值体验与情感交流、人格的彼此感染。在教育活动中，师生互动实则是在"两代人"之间进行的，师生双方各自的经验体系以及独特的精神表现方式会导致双方在互动中产生一定的分歧甚至是隔阂、冲突，因而更需要互动双方能够真诚以待，能够时常在沟通中展开积极的对话。师生互动中的沟通，常常要借助"对话"实现。这里的"对话"不只是言语上的应答，按照雅斯贝尔斯的说法，"对话是真理的敞亮和思想本身的实现，是一种在价值相等、意义平等的意识之间相互作用的特殊形式"。它强调的是双方的"敞开"与"接纳"，是一种相互倾听、接受和共享。在这样的沟通和对话中，师生双方通过平等对话和心灵沟通而实现教育意义。置身于其中的每一个人，把经过交往形成的知识、经验、精神模式、人生体验等作为共享的资源，发展智慧、情感、意志、精神等完整人的一切方面，最终师生在沟通与对话中实现共同发展。教师要从传授者、管理者角色转变为引导者和促进者，本着民主的精神、平等的作风、宽容的态度、真挚的爱心和悦纳学生的情怀积极主动地与学生沟通和对话。

（六）良好的教育情境

良好的教育情境是一种精神的、文化的、心理的和谐氛围，它是影响、净化心灵的一种现实力量。学校民主化是形成和谐人际关系的大背景，班级管理民主化则构成师生互动的中观环境，除此还有师生、生生互动过程中的具体情境等微观环境。良好的教育环境有利于保护师生的积极情绪和乐观态度，使教师乐教爱生，使学生乐学尊师，热情地投入教育教学活动中去。良好教育情境的创设主要靠教师，教师要积极为师生互动创造良好的支持性教育情境，不论是课内还是课外，校内还是校外，正式场合还是非正式场合，教师都要考虑环境中各种教育因素是否和谐，和谐是处理好人际关系的基本要素，不和谐就会产生关系紧张、情绪对立。良好的教育情境意味着互动过程中的双方处于矛盾统一状态。双方关系融洽就会产生信任感，愿意倾听对方的话语，师生互动就易于与对方产生共振现象。

四、班级管理中师生互动的基本原则

师生互动是一种双边活动，其影响是双向的，从这个角度讲，师生互动原则是一种双向要求。但在师生互动中，要对互动的目的方向性、内容的筛选过滤、过程的调整把控以及对师生互动教育效果做全面的负责，教师是主导。基于教师在师生互动中的主导性，班级管理中教师必须遵循以下几个基本原则。

教育性原则。指班级管理中，不论师生互动以何种形式、途径展开，不论互动在师生之间是直接互动还是间接互动，不论是师生双方本身的互动还是由此引发的班级管理系统内的师师互动、同伴互动、亲子互动以及亲师互动，从互动的目的、互动过程（包括内容、形式、手段）到互动结果，都要考虑既有利于学生的成长也有利于教师的发展，即以"促进学生发展"为价值追求和促进教师专业成长。

平等性原则。这里的平等指的是互动双方在人格上的平等。师生交往中要尊重对方的人格，尤其教师要平等公正地对待每一个学生，尊重每个学生的个体差异，保护学生的自尊心，不歧视特殊学生，即实现"人格平等"；学生也应尊重教师，这是师生互动，也是班级管理中各种人际互动顺利实现的基础。师生之间的平等能否实现很大程度上在于教师的努力，这正是教师主导作用的体现之一。应当指出贯彻这一原则要求教师处理好"平等与主导"的关系，民主平等并不是约束与规范的缺失。

差异性原则。交往中各个主体间存在种种差异，其主体发展水平不一，兴趣爱好各异，对事物的"前理解"也不同。在师生互动中要尊重每个学生的个体发展差异，依据不同学生的实际情况，在互动的形式、途径甚至具体的时间、地点等方面因人而异、区别对待、因材施教，并根据互动的实际情况向学生提出不同的教育要求，更好地促进每一个学生的发展。师生互动中的平等对待并不是对学生不加区别，而恰恰是通过适合不同学生发展水平和需要的教育方式即"有差异的教育"来体现的。

体验性原则。体验即个人亲历某件事并从中获得相应的认知和情感，它既是一种活动又是活动的结果。在个人的自我建构中，体验发挥着重要作用。师生互动以促进学生发展为追求，因而要重视、发挥师生双方的体验对互动效果的积极作用。有参与才有体验，因此，体验性原则要求：一是师生互动要以活动为载体，要让学生主动参与活动；二是教师必须参与学生活动。教师主动参与，将自己置于学生之中，移情换位，体验学生的所思所想，可以缩短与学生的心理距离；学生主动参与，能增强主体意识，认识到自身的价值，也通过亲历活动而产生个人感悟，进而与教师相互理解，达到共同的目标，从而使互动更充分有效。

第二节 班级管理中的个别教育

一、先进学生的培养和教育

（一）先进学生的特点

先进学生一般是指那些在德智体美劳诸方面都发展较好，品学兼优，可以作为学生学习、效仿榜样的学生。他们通常是班级中的骨干、班主任的助手、学生学习的榜样，在班级发展中有很强的影响力并发挥着示范带头作用。先进学生的优点和长处是非常明显的，但是诸多的优势并不意味着他们完美无缺，由于他们身心发展还不成熟，加上教育上的不当，先进学生容易出现恃才自傲、狭隘自私、盲目自信、难经挫折、追求完美、容易焦虑等方面的问题，因此，对先进学生的培养与教育要注意教育策略。

（二）先进学生的教育策略

1. 坚持培养目标，全面严格要求

班主任必须坚持全面发展的培养目标，培养先进学生坚定正确的政治方向，树立远大理想和为人民服务的人生观以及良好的道德品质。教师要端正教育思想，克服片面追求升学率错误思想的影响，不能只看到他们的 90 分、100 分，更要注意他们的思想政治方向和道德品质，关注他们内心的情感世界。对他们的缺点，不能姑息迁就；对其发展过程中的矛盾和困惑，要有针对性地进行教育和疏导，努力使他们得到全面发展。

2. 善于正确引导，促进认识"自我"

人贵有自知之明。解决先进学生存在的问题，要注意教育他们提高自我意识。教育要正确引导他们学会全面辩证地看待问题，正确评价自己，认识自己。通过与同学的平等相处，感受到别人身上的优点，要懂得"天外有天"，不能"唯我独优"，故步自封。帮助他们丢掉自我陶醉的"光环"，恢复其作为"普通人"的感觉，不处处认为自己很特殊，不把自己当作"特殊人物"，在集体中悦纳他人、悦纳自己，促进其认识"自我"，取长补短，不断提高。

3. 调整学习动机，正确看待荣誉

班主任应当鼓励学生多一些内部的学习动机，少一些浮躁的外部动机。要让学生认识到排名只是认识和了解自身实力的一种手段，而非证明自我价值的终极目标。如果过分关注排名，会束缚学生的思想从而导致同学之间的恶性竞争。因此，班主任不要过分强调名次的重要性，而应强调通过排名使学生能够更好地发现自己的问题，并有效地调整自己的学习策略和行为。

4. 评价一分为二，褒贬适度合情

先进学生由于长期生活在同学、班主任肯定的眼光中，慢慢地就容易产生高人一等的思想，对自我的评价也偏高。因此，班主任对他们的评价要一分为二，褒贬适度。一方面，要看到他们的长处，对其优点给予及时鼓励；另一方面，对他们潜在的和已经暴露出

来的缺点和错误决不姑息迁就。既不能一味表扬，使之盲目自大，又不能过分批评，损伤其自尊心。表扬要恰到好处，使先进学生受到鼓舞，继续前进；批评要合情合理，使之心悦诚服。

5. 加强挫折教育，增强心理素质

先进学生学习能力较强，给自己规定的目标和标准往往也较高，因而比其他同学更易体验到挫折感，产生负面情绪，使自己陷入焦虑和紧张之中。因此，班主任一方面应教育他们客观看待自己，为自己树立恰当的奋斗目标；另一方面也要对先进学生和其他同学一视同仁，不对先进学生搞特殊化，犯错误、有过失时该批评就批评，错误严重的还要给予相应处罚，让他们认识到自己做了错事一样要受批评、惩罚。对先进学生特别是学生干部，不宜搞"终身制"，可适当地给他们创造一些品尝失败的机会，使他们学会坦然面对挫折和打击，增强心理素质。

二、后进学生的教育、转化

（一）后进学生的特点

后进学生是指思想行为、学业成绩、智力发展等方面低于合格水平，存在这样或那样的问题或缺陷的学生。包括由于学习态度不端正，存在厌学情绪，或智力迟钝、身体不好等造成的"成绩不良"的学生；思想觉悟低、存在不良品德习惯，或经常有过失行为的"表现不良"的学生；学习成绩不好，思想表现亦差的学习困难学生。后进学生的形成主要与家庭的不良影响或家庭教育的失误、社会环境的消极影响、学校教育的失误以及学生自身因素有关。

后进学生一般存在是非观念模糊、自尊心强、自卑感重、意志薄弱、缺乏自制等心理特点。因其过失经常受到家长的训斥、教师的批评和班集体舆论的谴责，往往比较"心虚""敏感""有戒心""有敌意"，常常主观地认为班主任会轻视、厌弃甚至"迫害"自己，以致对真正关心他们的教师设置起一道心理屏障。考虑其心理特点，教育转化后进学生要注意教育的策略。

（二）后进学生的教育策略

1. 关心热爱，尊重信任

班主任要以真诚的爱去全面关心和帮助每一个后进学生，让他们在生活和学习中亲身体会班主任的善意和真诚，赢得他们的尊重和信任，从而消除疑惧和对抗，达到"亲其

师，信其道"的理想效果。后进学生并非什么都后进，他们也有优点、有特长、有闪光点、有极大的可塑性。班主任要坚信教育的力量，相信每一个学生都具有无限发展的可能性。

2. 分析原因，对症施教

后进学生各有其特点，后进的程度和表现、后进形成的原因和问题都各不相同。班主任应该通过深入细致的调查研究，摸清情况，找出症结，对症下药。如属于是非观念问题，要提高其道德认知；对头脑灵活、成绩较差的思想品行后进学生，班主任要通过谈心等教育手段，让他们看到自己的长处和优点，引导其参加各种有益的活动，克服和抵制不良思想的侵蚀；对学习后进学生，要分析造成学习后进的原因，属于智力因素造成的，要在开发智力上下功夫，启迪其思维，提高其分析问题、解决问题的能力，可以为他们开小灶补习功课，帮助其获得成功体验，树立学习信心。总之，不能主观臆断和推测，盲目施教。

3. 激发兴趣，因势利导

无论是学习方面的后进学生，还是思想品德方面的后进学生，都存在厌学、逃学等问题。其主要原因是他们对学习失去兴趣，把学习当成是一种苦役、一种沉重的负担、一种令人讨厌的事情。后进学生这种厌学心理，需要班主任做大量的、深入细致的思想教育工作，用自己的热情、真诚感化他们，把他们的兴趣吸引到学习上来。班主任可以组织丰富多彩的课外活动，如兴趣小组等，让后进学生动手动脑，发挥他们的特长，使他们对学习产生兴趣，进而产生学习欲望。在此基础上，可采取切实可行的办法，如会同科任教师为后进学生补课；确定"一帮一互助组"，让学习好的同学帮助后进学生提高学习成绩，与后进学生一道探讨学习方法、学习策略；帮助他们解决学习中遇到的各种困难等，使后进学生逐步形成良好的学习动机。

4. 体验成功，培养自信

后进学生之所以后进，缺少自信也是其中的一个重要原因。班主任教育转化后进学生，一定要培养他们的自信心，告诉他们只要有志气、有信心，就没有克服不了的困难。任何一位成功者的桂冠都是由多次失败记录编织而成的。同时，班主任要给后进学生创造培养自信心的条件，让他们在实践中获得成功的喜悦。在教育转化后进学生的过程中，班主任可以通过多种途径，让他们真切地感悟到"只要努力，人人都能成功"。

5. 抓住契机，促进转化

一般来说，后进学生意志薄弱，但从个人角度来说，并非事事差、时时差。班主任要抓住有利时机促其转化。转化契机出现可能性较大的情况有：①后进学生长期受到冷漠和歧视，突然感到温暖时；②长期遭受失败，偶尔取得成功时；③偶尔受到某种启示，对自己的过失引起思考时。班主任除了用心寻找这些契机外，还要根据契机形成的规律积极创造条件促使转化契机早日形成，以加速后进学生的转变。

6. 增强意志，巩固行为

错误行动总是由内部错误观念和外部诱因引起的，因此，要注意在改变后进生内部观念的同时，控制不良诱因对他们的影响以及培养他们和诱因做斗争的能力，并通过新的良好行为习惯的形成与加强来矫正错误行为。班主任应该在学生形成新的行为动机和行为习惯的基础上，通过一定的考验方式使学生得到锻炼，提高他们的意志力，但这种锻炼必须有适当监督。

7. 持之以恒，不怕反复

由于外部各种不良诱因的影响和后进学生自身意志薄弱、自制力差、辨别是非的能力低下，因此，他们的进步时有反复。一些转变较好、表现比较稳定的学生，有时会故态复萌；学生已经改正了的原来的缺点和错误，在新的条件下又可能以新的形式表现出来。对此，班主任要以最大的耐心和恒心，冷静地帮助他们分析原因，进一步做深入细致的教育转化工作，切忌操之过急或灰心丧气。一般来说，后进学生在前进过程中出现的反复，并非过去错误的简单重复，而是从每次反复中都可以看到进步和发展的因素。

三、中间学生的教育与提高

（一）中间学生的特点

中间学生是相对后进学生和先进学生而言的，一般指那些在班级中品德表现、活动能力、学习成绩一般的学生。他们安静、本分，优点和缺点都不太明显，但因其人数一般可占到班级总人数的50%~70%而构成班级学生的主体。这些学生既不像先进学生那样深得教师宠爱，同学羡慕，又不像后进学生那样让教师伤透脑筋，容易成为被忽视的群体。中间生如果长期被漠视，常有被冷落和无人过问的感觉，容易缺乏自信、有自卑感，并存在安于现状、不思进取的心态，行动上不想冒尖也不愿落后挨批评，少数人还会滑向后进生的行列。因此，班主任要多关注他们的成长，"抓两头，促中间"，促进其各方面发展，不断提高。

（二）中间生的教育策略

1. 教育公平，同等关注

班主任在关注"两头"学生的同时，要有与中间生的互动计划，要有意识、有目的地通过各种互动方式与中间生进行交往，要把爱和关心洒向每一个中间生。班主任应从活动中参与、情感上亲近、兴趣上引导、学习上启发、生活上关心，从多方面与中间生积极互动。课内多让他们回答问题、课外多与他们交流谈心，当他们有进步时，不失时机地给予表扬、鼓励，不能因为他们表现平平或不给班级添麻烦就忽视他们。

2. 创造机会，培养自信

每一个学生都希望自己是成功者，都期待着肯定和赞誉。中间生虽然表面默默无闻，内心却强烈希望自己被赏识。班主任要善于发现每一名学生的禀赋、兴趣、爱好和特长，珍视他们心灵深处的这种渴望。班主任应改革传统的班级管理制度，给中间生提供锻炼和为班级管理贡献力量的机会，比如，班干部可以采用同学选举、学生自荐等方式，定期轮换；在班级开展各种竞赛活动，让中间生在活动中有岗位、有职责，为他们的表现和发展创造机会；还可以设立"最佳创意奖""最佳合作奖""最佳组织奖""助人为乐奖"等各种奖项，让平时与获奖无缘的中间生也体验到成功，从而以自信的状态投入学习中去。

3. 塑造典型，引导仿效

中间生境况相似，情感易融，一旦他们中有人脱颖而出，对其他同学就能起到很好的激励作用。虽然综合而论中间生并不是最好的，但他们往往在某一方面比较突出，一旦有部分中间生获得评优机会，就可以触动更多的中间生，让他们明白榜样并不是只有先进学生独享，学习要努力但并非唯一；班级活动中并非做与不做一个样、做好做差无区别。因此，班主任要及时发现他们身上的闪光点，塑造正面典型，从而推动中间生这一群体的积极转变，在班级形成一种有更多人参与的你追我赶的良好局面。

4. 因人而异，分类互动

中间生一般可以分三种类型：第一类是不甘居中游，有强烈的进步愿望；第二类是缺乏远大理想，得过且过；第三类是认为自己天资差，缺乏前进的勇气和信心。班主任应该根据这三类情况在互动目的上有所侧重。对第一类中间生，要鼓励他们"更上一层楼"，提出较高的要求，肯定他们争取进步的愿望，指出他们学习的潜力和努力的方向，帮助他们克服进步的瓶颈。对第二类中间生，班主任要想方设法打破他们"甘居中游"的心理状态，激发他们积极进步的愿望，培养他们的毅力和意志。对第三类中间生，班主任应让他们多在各种活动中体验成功，发现和了解自己的优点和潜在的能力，以提高他们的自信心。

四、经济贫困家庭学生的特点与教育

（一）经济贫困家庭学生的特点

特殊的家庭环境使贫困生能受到一般同学所不曾经历的磨炼。因此，在他们身上，也有许多优秀的品质，如自尊心强、学习自觉性高；自理自立能力较强，能吃苦耐劳，有较顽强的意志品质等。但作为班主任不能忽略的是：贫困的家庭环境使贫困生过早地承担家庭重担，对一些贫困生造成了负面的影响。表现为自尊心、自卑心都显得格外强。基于家庭经济的原因，他们心理负荷较重，经常处于紧张和焦虑的状态，抑郁情绪较强，往往比较敏感，特别多心，生怕别人看不起自己。对人际交往缺乏自信心，为了避免自己受到伤害，他们对人对集体活动往往采取冷淡、回避的态度和行为，给人以难以接近、不合群的感觉，长此以往，就会造成他们性格上的缺陷，孤独沮丧，对前途失去信心。

（二）经济贫困家庭学生的教育策略

经济贫困家庭学生是班级里的一个弱势群体，班主任应对他们特别关注，对这一群体进行正确的思想引导和教育，使其重新回到"阳光普照"的行列。

1. 引导思想认知，树立正确的人生观、价值观

加强对贫困生的思想引导，让他们认识到人生道路不可能是一帆风顺的，无论谁，在人生的道路上都会遇到挫折。人无法回避挫折，人正是在战胜挫折的过程中才变得更成熟、更有力量。贫困只是他们人生路上暂时的一个障碍，贫穷并不可耻，可耻的是自己甘于贫穷，不去努力改变贫穷。要帮助学生正确地认识人生的价值和意义，树立远大的人生目标和理想，走出金钱的小圈子，正确处理眼前困难与人生发展的关系，以乐观的态度去面对生活中的一切艰难困苦。

2. 完善自我意识，培养具有内在价值感的自尊心

自尊心被认为是最强烈的一种内驱力，许多贫困生存在既自尊又自卑的心理矛盾冲突。因此，必须使其完善自我意识，用正确的自我认识克服自卑心理，相信自己，敢于竞争，正确认识社会。既不以虚幻的自我来补偿内心的空虚，也不以消极的回避来漠视自己的现实，更不以怨恨、自责以至厌恶来否定自己。

3. 营造良好环境，增强人际交往自信心

贫困生生活在班级这个大家庭中，他们的成才和发展离不开同学之间的关心和帮助。与亲属、朋友、同学交往能使人在心理上得到安全感，这对缓解贫困生心中的孤独感和压力苦闷颇有益处。班主任可以经常组织学生开展各种丰富多彩的文化、娱乐、体育等活动，加强贫困生与其他同学的交流与沟通，逐步建立起真挚的友谊，让贫困生感受到集体的温暖，化解孤独、抑郁等不良情绪，进一步增强自信心。

4. 注重心理健康，培养良好的心理素质

贫困生由于家境问题易形成自卑、自我封闭、焦虑、抑郁等负面心理。班主任不能忽视这些负面心理，应加强对他们的心理健康教育，促进其健康成长。比如，让学生正确了解自己，有正确的自我意识；产生消极情绪时，学会自我调适，及时疏导、宣泄不良情绪，转移注意力，消除焦虑，保持心理健康。对那些常有不良情绪反应的贫困生，班主任可引导他们采用"自我悦纳、自我解脱，多交朋友、多帮助别人，正确归因，善于宣泄"等方法调整自己，教他们学会调节情绪的方式。

5. 争取各方支持，提供爱心资助

针对贫困家庭学生家境贫寒这个实际情况，班主任应给予这些学生特别的爱心帮助。设法调动学校、社会等一切力量，给予他们实质性的帮助。可以通过学校向社会、政府部门争取支持和帮助，如让一些企业或其他团体资助那些品学兼优的贫困生，也可以争取学生家庭所在社区的力量，对其家庭进行必要的帮助；学校可以专门建立扶贫助学基金，用来奖励家庭贫困但品学兼优的学生。班主任也可以组织班级甚至全校的同学向这些贫困生捐款捐物，奉献爱心。要注意的是，对这些贫困生进行减免费用和资助的时候，班主任一定要注意把握好尺度和方式，维护好他们的自尊心。另外，也应对这些受到帮助的学生进行感恩教育，让他们能领会别人的爱心，同时也对他人付出爱心。

第三节　班级教育合力的形成

一、班级教育合力管理的形成

随着素质教育的不断深入和课程改革的不断深化，如何营造学校、家庭、社会三位一体的教育网络，让家长参与到学校教育中来，理解、支持、监督班级管理工作，形成家校教育之合力，已成为班级管理工作的一项重要内容。学生、家庭、学校三者之间的一致性

越高，教育的效果就越有保证，教育合力管理就越易形成，高效管理的目的就越易实现。

（一）创建良好的班风，形成班级合力

我们都知道生活在一个班风良好的班集体里的学生，几乎都有很强的集体荣誉感，并且遵守纪律、热爱学习、积极向上。那么怎样才能建设班风良好的班级呢？

首先，确定班集体奋斗目标，培养学生的集体荣誉感。比如，我们学校每星期都会举行"流动红旗"评比，笔者抓住这个机会，对学生进行了思想教育。通过讨论，他们自己得出了结论：每名同学都积极努力，我们的班级才能获得"流动红旗"。因此，每天不用我督促，为了得到"流动红旗"，值日生都会非常积极、主动、认真地完成自己的劳动任务。学习上也是如此，和学生一起制定班级短期奋斗目标，每次达到目标都是集体荣誉感的强烈提升与叠加，促进班级凝聚力的形成。

其次，培养好班级骨干力量，发挥他们的带头作用。我们班的班干部都是通过民主选举产生的，他们在德智体美劳几方面表现都较好，并且在学生中有较高威信，但是这种威信也是建立在我的严格要求之上的。班中的班干部不是固定不变的，如果有谁在某方面有较大进步，也很愿意为班级服务，通过集体讨论也可以当上班干部，这也极大地鼓舞了学生奋斗的热情。

最后，开展经常性的思想教育，培养良好的班风。坚持思想教育是树立良好班风的前提，所以，我班经常开周工作小结、主题班会，讨论生活或学习中出现的问题。教师要经常引导学生注意同学之间的团结友爱，大家有缘相聚于一个班级，就是一个大家庭，对别人要充满友爱和友谊，从而使整个班级体形成强烈的凝聚力。教师要重视常规教育，培养学生良好的行为习惯，久而久之，就对他们的心灵产生了潜移默化的良性影响。

（二）与科任教师携手，形成教育合力

班级是否有合力，是否积极向上还要关注搭班的科任教师。只有他们在日常教学中严谨认真的工作态度和对班级管理工作的大力配合，才使得良好的班风逐步地形成，才能形成教育合力。

有很多教师有一种认识：班主任既然拿了班主任的岗位津贴，班级管理的事自然就是应该由他一人承担，其实不然。只有充分认识科任教师在班级管理中的积极意义，发挥他们的引导作用，对班级管理具有非常重要的意义。科任教师和班主任虽然分工有所侧重，但不管怎样，教师都承担着教书育人的责任，都有义务为学生的成长贡献自己的一份力

量。只有所有的任课教师携起手，献计献策，集思广益，共同关心班集体的发展才能形成教育合力。因此，班主任要经常听取科任教师对班级建设的意见，多向有经验的科任教师学习请教，不断完善自己的班级管理工作，促进教育合力的形成。

（三）与家长携手，加强管理合力

班主任和家长朋友有着同一个孩子，同一个希望，同一个奋斗目标。以笔者为例，初一刚开学，与家长交流不是很通畅，我就让每个学生准备一个家校交流簿，每周一收，每周在周五前，我把每个孩子学习进步方面及须改进的方面都写着上面，家长也将本周孩子在家里的表现（包括作业完成情况，孩子的学习状态，在家孩子除学习以外的表现，如家务，关心父母，感恩父母的事）都反馈给我，做得好的同学我会及时与家长沟通，并适时在班级表扬他们。

渗透于学生思想、学习、生活的班级管理工作是琐碎而繁多的，联系各科教师与学生之间的纽带，沟通学校、家庭、社会的工作，任重而道远。基于此，班主任更要顾全大局，高瞻远瞩，宏观引领，更要体察入微，高效管理的班级模式才会更稳定，其目标才会更易实现。

二、依靠集体形成教育合力，提高班级教育管理效率

（一）团结教师集体，形成统一要求

班主任可借助德高望重的老教师，在教师中间施以有助形成统一的、团结的教师集体的影响。比如，请省优秀教师在科任教师会议上做专题发言，给科任教师提出要求，给班级管理提建议等；听取教师们对班级工作的意见，定期召开科任教师座谈会，请科任教师参加班级工作计划的制订、分析班级状况、提出整改措施等，在教师集体中形成民主和谐的气氛，促进教师团结和统一。在班级组织活动时，科任教师参与其中，使其感觉自己是班级的主人，始终关心该班的进步。

在精诚团结的教师集体形成后，根据各课程特点和科任教师个性习惯，制定对学生统一的教育要求。比如，学习上要求学生课前预习，写预习报告，课上认真听讲、做笔记、课后及时复习、独立完成作业等。笔者所在班级各个科任教师按统一要求检查督促学生，班主任协调和配合，保证学生达到要求，取得了良好的教育效果，班级涌现出许多学习积极分子，班级因此连续多次获得校优秀班级。

（二）多方协调配合，凝聚教育合力

班主任是班级教育管理的核心，一个优秀的班主任应该善于调动各方力量形成教育合力，以达到优质高效教育效果。首先，在新生入学时就召开师生见面会，介绍各位科任教师的优势、特长和近几年的优秀业绩，在学生心目中留下初步印象。其次，利用班会、团会讲教师崇高师德的故事，引导学生观察教师文明的言谈举止和对工作认真负责、对业务精益求精的工作态度，请科任教师开办一些知识讲座，如，书画讲座、音乐讲座、文学欣赏等，让学生感受到教师渊博的学识和敬业的精神，让教师威信和美好形象慢慢在学生心目中树立起来。最后，经常邀请科任教师参加班级的活动如读书月活动启动仪式、迎新晚会、生日晚会等，增进师生交流，寓教育于活动之中。实践证明，利用各种机会，通过多种途径调动和发挥科任教师的积极性和影响力，对班级的教育管理能起到积极推动作用。

班主任必须与科任教师经常交流信息，分析出现的问题，配合教师解决学生生活和学习中困难，才能取得良好效果。

（三）依靠班级集体，突出平行影响

班集体既是班主任的工作对象，又是依靠力量。班主任如果能培养出正派能干的班干团队，并在班级营造文明、朴实的班风和勤奋上进的学风，体现和谐班集体大家庭的温暖，这样的班集体可以对全体学生产生良好的教育影响。马卡连柯称这种影响为"平行教育影响"。

1. 严格要求，积极培养班干团队

班干素质的高低直接决定班级的管理质量和水平，所以，培养班干的工作能力，提高他们的整体素质是班主任至关重要的工作。在班干上任初期，班主任以传、帮、带为主，鼓励他们大胆工作，在干中学，在学中干，班主任及时指导，弥补不足。在班干有了一定的工作实践和经验后，则放手让以班长为核心的班干们独立工作。班主任主要进行调查研究工作，及时给他们指导和帮助，班主任及时听取汇报，了解同学的反映，在关键的地方点拨、帮助，以确保每次活动圆满成功。然而班干仅有工作能力还不够，必须德才兼备，才能一呼百应。

2. 树立正气，营造勤奋上进学风

学生以学为主，班级可运用主题班会、板报等形式营造学习氛围，喊出争当学校文明班级的口号，提出与上述口号一致的班级行为准则。利用黑板报和班级小报大张旗鼓

地表扬班上的好人好事，同时，对班内的违纪现象、消极因素展开善意批评。定期举办批评和自我批评专题班会、班干述职报告会。有时班上某个同学有违纪行为，影响了班级的整体形象，就有许多同学自发站起来，对他的行为进行指责；犯错的同学从此就会收敛他们的行为。实践证明，正确的舆论导向和良好的班级风气是形成优秀班集体的必要条件。在树立正气的同时，积极鼓励和支持同学利用业务时间开展读书活动，组织读书月活动，与图书馆合作开展图书漂流活动，举办读书征文、演讲比赛、诗歌朗诵、书法等比赛，通过这些活动在班级营造良好的读书和学习氛围，形成了勤奋学习、积极上进的良好学风。

3. 凝聚人心，体现班级家庭温暖

从新生入学开始要求学生珍惜同学的缘分，要像兄弟姐妹那样对待同学，互帮互学、共同进步。积极鼓励学生参与全校性的集体活动，激发学生的集体主义意识。

第四节 优秀传统文化融入校园人际关系与教育

一、继承传统优秀文化，构建和谐校园人际关系

建设和谐社会，落实到学校工作中就是建设和谐校园。而构建和谐校园，不外乎做到两个和谐：学校内人与人的和谐和人与物的和谐。

人与人的和谐主要是做到：一是学校领导与教师关系的和谐；二是师师关系的和谐；三是师生关系的和谐。人与物的和谐主要是做到人与校园环境的和谐统一。

和谐是一种文化，是中国传统文化的发展和创新。作为历史悠久的文明古国，"和谐"则是中国传统文化的精髓，是传统文化中最重要的命题与核心价值。因此，对传统文化中的"和谐"思想进行一些思考，无疑对构建和谐的校园人际关系具有重要的启迪和借鉴意义。

"和"是中国传统文化的重要特征，也是中国文化的宝贵遗产，其内涵十分丰富，充满了大智大慧的深刻哲理。一是主张多样；二是主张平衡。聚集不同的事物而得其平衡，叫作"和"。"和"能产生新事物，五声和，则可听；五色和，则成文；五味和，则可食。推及施政，则必须协调各种利益，综合不同意见，化解复杂矛盾。将"和谐"用于人际关系，"宽则得众"，以宽和的态度待人，就会取得众人的信任。

和谐作为一种传统文化的发展和创新，理应成为我们构建和谐校园人际关系的理论基础。

校园和谐最为关键的因素是人，"人和万事兴"，人际关系和谐是和谐校园的一个重要内容。在人与人的关系上，中国古代传统文化提倡宽和处世，协调人际关系，创造"人和"的人际环境。在学校中，领导干部、教师、学生这三个群体的人际关系达到和谐，学校的各项工作才能顺利而有效地开展。

（一）构建和谐的领导与教师关系，是构建和谐校园的关键

领导的管理方式和水平、领导的亲和力在构建和谐校园人际关系中起着示范和凝聚的关键作用。

建立和谐的人际关系，是实现育人使命的需要，是建设文明校园的需要，也是完善人格的要求。要实现人际和谐化，领导对教师，就要做到公正、公平，要尊重和保护每个人的合法权益。"和谐文化"精神体现在我们学校管理上就是要以人为本。学校各层面的制度必须以人为本，有"人情味"，让制度的"人文性"，升华为传统意义上的"规范性"，达到发展人的目的，从而减少乃至消除人的观念和行为与制度之间可能产生的冲突。各级学校领导干部要始终与师生员工同呼吸、共命运，形成人心思进、团结和谐、共促发展的良好氛围。领导应为每个教师的智慧和才能的发挥创造机会和条件，营造平等友爱、融洽和谐的人际环境，创设民主、积极向上的工作氛围。帮助教师牢固树立敬业的精神和乐业的态度，教师主人翁意识增强，就能自觉地把自己和学校的发展紧密地结合在一起。

有领导的示范作用，群众对组织，对领导就会多讲一点服从，多看一点大局，多做一点贡献，人与人之间，就会多一点尊重、多一点爱心，个人对自己也会多一点自律，多一点修养，何愁校园不和谐？

（二）构建和谐的师师关系，是构建和谐校园的基础

教师是一个比较特殊的社会群体，教师之间的关系有其特殊性，比如，交往对象相对稳定、交往关系相对淡泊、情感表达比较含蓄、矛盾冲突相对隐蔽等等。

教师之间的和谐是校园和谐的基础。教师之间和谐的意义在于创造一个宽松、祥和、文明、健康的良好育人环境，使人与人之间处于和谐状态，同事之间感情融洽、配合默契，就能产生强大的群体凝聚力和向心力，调动各方面的积极性，团结合作，有效地克服教育过程中的各种困难和障碍。有利于更好地发挥育人功能，有利于教师形成工作合力，有利于形成相互交流的激励作用，为实现学校教育目标而共同努力。

因此，学校要努力通过树立共同的目标，树立共同的价值观，有效地改善学校的人际

沟通，妥善解决人际矛盾和冲突等方式和手段，协调好教师之间的关系，以使教师彼此心情舒畅，建立起团结、协作、互相帮助的和谐人际关系，发挥整体力量大于部分力量之和的作用。教师之间以坦诚友善相处，营造既有直率的批评与自我批评、又有信任与支持的和谐氛围，充分发挥各人所长，从而聚合起一种能发挥整体战斗力的优势。

（三）构建和谐的师生关系，是构建和谐校园的根本

学校和谐的根本在于师生之间的教与学的和谐。师生关系主要是教师与学生在共同的教学活动中，通过信息交流而逐步建立起来的，在教书育人中占有极其重要的地位。师生双边活动的和谐是学生获得知识的前提和关键，和谐的课堂是师生进行情感交流和形成良好教学氛围的基础，是和谐师生关系最直接的体现。

和谐的师生关系有利于师生交往，教师所教的内容也较易被学生接受。和谐的师生关系使教师有一种人格的号召力，有利于创建良好的教学活动气氛。和谐的师生关系也有利于教师的良好品德向学生迁移。

良好师生关系的建立主导方面在教师，关键是教师要关爱学生。热爱学生是教师的天职。只有爱才能唤醒爱，只有教师对学生的爱，才能唤醒学生对教师的爱，才能使师生的爱双向流动，才可能有和谐的师生关系。教师要完成育人任务，就得让学生喜欢你、亲近你，愿意听你的话，也愿意向你倾诉自己的思想和感情。学生不乐意接受教师的"教"，则无论教师如何努力，也难以收到育人的效果。

构建和谐课堂是构建和谐师生关系的一个重要方面，尊重是构建和谐课堂的核心。只有师生之间互相尊重，才能创造和谐的课堂教学。有了尊重，才有师生间的平等对话，才有沟通、合作的过程。教师对学生的爱和学生对教师的敬，是保证教学成功的关键。教师要从单一的传授者转变为引导者、辅导者、组织者，要看到学生思想品质的闪光点，多一些鼓励，少一些训斥；要让学生更多地体验到被人关注、被人爱护的温暖与幸福，更多地体验到自由探索与成功的快乐和自豪。

当然，和谐校园人际关系的建设还要依靠社会、家庭等多方面的合力作用，需要以学校教育与家庭教育关系为主的学校、家庭和社会三方教育关系的共同努力。

总之，"和谐"是中国传统文化的精髓，是传统文化中最重要的命题与核心价值。对师生进行优秀的传统文化教育，弘扬传统文化，吸收精华，发挥传统文化在构建和谐校园人际关系中的指导作用，这是对传统文化的真正尊重，也是我们每位教育工作者尤其是管理者应该思考并努力做好的一项工作。

二、将中华优秀传统文化融入学生心理健康教育的实践探索

（一）中华优秀传统文化在中学生心理健康教育中的价值

1. 中华优秀传统文化对中学生心理健康教育提供文化支撑

心理教育属于一种情感意识方面和态度方面的疏导，在具体的教育实践过程中离不开对社会环境和文化背景的接触，也离不开人类的调试。在现阶段的心理教育中，要将中华民族的传统文化更好地融合在心理教育的发展中，使本土的文化气息更好地展示在教育的环境下，让心理健康教育最大限度地呈现民族化、本土化的特征，体现当代中华传统文化的价值，并且能展示出独特的具有中国特色社会主义文化价值的内涵。

2. 中华优秀传统文化对中学生心理健康教育提供了生命意义的源泉

生命的意义在于要对生命的价值体现出更好的追求，而生命的意义体现在对生命价值的展示中。只有将生命更好地凸显在传统文化发展中，才能更好地凸显出我们国家的生命追求的独特性，而优秀的传统文化则会影响人们对生活的价值和理解。因此，在当前的中学教育中，不仅要将生命教育更好地融合在教育发展中，更要将生命的意义和生命的价值展示在生活中，通过心理健康教育的课程和传统文化的影响，将"真善美"的性格更好地融合在自己的生活能力中，最终通过对"真善美"的追求，将中国传统文化融入中学生心理健康教育生命意义的源泉。

3. 中华优秀传统文化对中学生心理健康教育的思想道德培养提供养分

传统的优秀思想道德是学生心理发展的前提，也在学生的发展中凸显学生价值和修养的水平。但是优秀的思想道德修养的提升不是一蹴而就的，是对学生进行潜移默化培养日积月累的过程。因此，在中学生的心理健康教育的过程中，要以传统文化中的精华部分为基础，更好地融合在中学生的心理教育中，形成良好的局面。

4. 中华优秀传统文化对中学生心理健康提供了心理调节的阀门

心理调节是学生进行心理发展的基础，只有更好地将心理调节好，才能帮助中学生在学习和生活中稳定心神，更好地发展自己的专业特长，在发展中提升学生的个人品质，以及自控能力。而传统文化在这里扮演的就是帮助学生通过传统文化的精髓更好地提升个人心理调节能力，促进中学生的心理健康发展。

（二）中华优秀传统文化在中学生心理健康教育中的积极作用

1. 中华优秀传统文化有助于中学生认识自我、完善自我

优秀的中华传统文化的功能是十分明显的，在我们国家几千年的历史长河中，优秀的传统文化经久不衰，靠的就是其存在的优势和价值。因此，在现阶段中学生的学习中，将中华优秀的传统文化渗透到现代的心理健康教育课程，能更好地帮助学生理解中华传统文化的精神内涵，帮助学生更好地通过传统文化中的内涵和要旨，认清自己和完善自己，在学习中跟随古人的步伐发展进步。

2. 中华优秀传统文化有助于中学生建立良好的人际关系

中华的优秀传统文化中常常提到的有《论语》中的"有朋自远方来，不亦乐乎"，这就是在交往和人际关系方面给我们的启示，不仅是在传统的社会中需要建立良好的人际关系，在现如今社会飞速发展的时代，更要将人际关系建立得更加完善，并且通过人际关系的疏通和建立，能让学生的心里话有人说，遇到困难有人帮，能帮助学生形成更加良好的人际网，最终学生才能促进自己的性格发展。在心理健康教育中融入传统文化的内涵，能促进中学生的心理健康，学生的朋友多了，自然而然带来的生活乐趣就多了起来，真正遇到心理问题的时候能和朋友们进行倾诉，学生的心理健康状态就会比较完善，不会因为心理的问题引发更加严重的事情。

3. 中华优秀传统文化有助于中学生激发抗压应变的能力

在现代的学校教育中，一定要将学生的抗压能力进行提升，才能在面对纷繁复杂的世界时，形成抗压能力，展示抗压的水平，促进学生在抗压能力下的发展。因此，在心理健康教育的过程中加入学生的抗压能力的训练，能帮助学生适应社会的节奏，并且能在挫折中进步，在苦难中发展，这是一种良好的传统道德水平的继承和发展。而中学生的抗压能力和水平也直接影响学生在今后就业过程中的社会适应能力，促进社会的发展和进步。

4. 中华优秀传统文化有助于中学生学习积极的心理情绪

中学生如果能有积极的心理情绪，则能在学习和生活中建立良好的目标，并且跟随着自己所制定的目标奋斗和发展，因此，在当前的教育中，要想更好地建立学生良好的心理情绪，就要在心理健康教育的环节中融入传统文化的特质，将更多优秀的传统文化体现在现阶段的教育中，并且通过传统文化的熏陶，让中学生保持向上的心理状态，提升学生的心理健康水平，发展中学生的心理特质。

5. 中华优秀传统文化有助于中学生培养良好的学习习惯

良好的学习习惯是在日常的生活中逐渐养成的，也是在日常的生活中学生逐步提升的

环节和内容。在中学生的学习和教育中，学生不仅要养成良好的学习习惯，还要将生活的习惯和人际交往的习惯或者是处事的习惯建立起来，帮助学生建立心理健康条件下的思维，将学生的学习习惯展示在学生的生活中。在孔子及其弟子的著作《论语》中有"学而时习之，不亦说乎？"，还有我们在教育中经常提到的关于"学而不思则罔，思而不学则殆"的习惯，同时，还有在《劝学》中提出的"锲而舍之，朽木不折；锲而不舍，金石可镂"。这都是在传统文化的影响下学生习惯养成的教育，因此，在心理健康教育的过程中，一定要利用传统文化的内容，形成传统文化的认知，发展学生的习惯。

传统文化在学生的心理健康教育中的重要性是非常清晰的，我们要不断将传统文化的内容穿插到学生的心理健康教育中，发展学生的能力和水平，展示在中学生的教学中，并且能更深层次地影响中学生的发展和提升，最终保证中学生能在新时代的发展中健康成长。

参考文献

[1] 任初轩. 怎样弘扬中华优秀传统文化 [M]. 北京：人民日报出版社，2023.

[2] 李璠. 弘扬中华优秀传统文化与中国社会发展研究 [M]. 北京：北京工业大学出版社，2023.

[3] 朱汉民. 中华优秀传统文化 [M]. 北京：高等教育出版社，2023.

[4] 王卫东，吴晓辉，黄化平. 中华优秀传统文化精要 [M]. 广州：广东高等教育出版社，2022.

[5] 项健. 中华优秀传统文化与传承研究 [M]. 长春：吉林出版集团股份有限公司，2022.

[6] 王安忠. 中华优秀传统文化及其当代价值新论 [M]. 长春：吉林出版集团股份有限公司，2022.

[7] 杜昀芳，刘永记. 中华优秀传统文化 [M]. 北京：新华出版社，2021.

[8] 李光，肖珑，吴向东. 中华优秀传统文化 [M]. 北京：北京理工大学出版社，2020.

[9] 韩江伟. 中华优秀传统文化阅读与教学 [M]. 广州：华南理工大学出版社，2020.

[10] 方铭. 中华优秀传统文化 [M]. 北京：人民出版社，2019.

[11] 吴婕. 中华优秀传统文化 [M]. 大连：大连理工大学出版社，2019.

[12] 卢志宁，荆爱珍，王晴. 中华优秀传统文化 [M]. 镇江：江苏大学出版社，2019.

[13] 范业赞. 中华优秀传统文化 [M]. 北京：中国人民大学出版社，2019.

[14] 毛亮，雍晶. 传统文化与班级文化管理策略的实践研究 [J]. 东方娱乐周刊，2023（2）：208-210.

[15] 陈丽琼，阳德华. 传统文化融入班级管理的现实困境与路径 [J]. 宁波教育学院学报，2023（1）：111-114.

[16] 魏智慧. 传统文化融入班级管理的探究 [J]. 陕西教育（教学版），2022（3）：32.

[17] 郑朝春. 班级管理中渗透中国传统文化的策略 [J]. 新教育时代电子杂志（教师

版），2022（27）：162-164.

［18］幺红梅．基于传统文化做好班级管理工作的实践探索［J］．中华活页文选（传统文化教学与研究），2022（3）：123-125.

［19］吴绍跑．中华优秀传统文化在班级管理中的意义［J］．人民教育，2022（18）：80.

［20］张正文．运用中华优秀孝文化，静心做好班级管理［J］．新课程，2022（9）：21.

［21］王一明，周冬琴．班级文化育人探索与感悟［J］．湖北教育（政务宣传），2022（8）：42-43.

［22］华红霞．例谈中华优秀文化在初中班级管理中的应用［J］．中小学班主任，2022（19）：43-44.

［23］郭慧．基于传统文化的中学班级德育管理的思考探讨［J］．文渊（中学版），2021（10）：4106-4107.

［24］孙剑．基于传统文化的中学班级德育管理的思考探讨［J］．中国多媒体与网络教学学报（下旬刊），2021（7）：215，235.

［25］梁雄静．关于传统文化的中学班级德育管理工作探析［J］．中文科技期刊数据库（全文版）教育科学，2021（4）：264.

［26］李文娟．从传统文化中寻求班级管理方法［J］．智力，2021（7）：171-172.

［27］尼仑．刍议利用传统文化开展班级管理的价值及有效融入探究［J］．女人坊，2021（10）：291.

［28］武志刚．基于传统文化的中学班级德育管理的思考［J］．读与写，2020（34）：28.

［29］杨珮．基于传统文化的中学班级德育管理的思考探讨［J］．中文信息，2020（3）：208.

［30］廖玉兰．基于传统文化的中学班级德育管理分析［J］．中学生作文指导，2020（44）：210.

［31］李彦虎．中学班主任班级管理中班级文化构建策略探究［J］．中学课程辅导（教师教育），2020（14）：126.

［32］程琳．中国传统文化在初中班级管理中的有效融入［J］．新一代（理论版），2020（24）：177.